ijskastmoeder

Omslagfoto: Corbis
Omslagontwerp: Studio Lannoo
Vormgeving binnenwerk: Keppie & Keppie
Auteursfoto: Allard Willemse

1e druk (2009)
2e druk (2013)
3e druk herzien (2016)
Eerste drie drukken uitgegeven bij Uitgeverij Lannoo

4e druk herzien (2023)
© Humm Publishing
ISBN 978 90 820 7007 1
NUR 854/320

Omwille van de privacy zijn de namen die in dit boek genoemd worden verzonnen. Verder is alles echt, en echt gebeurd.

INHOUD

GEUZENNAAM

Onze oudste is negen. Sinds drie jaar weten we dat ze geen kind volgens het boekje is, zoals wij al een paar jaar vermoedden. Maar je merkt dat niet op het eerste gezicht. Ze praat voor tien, ze is bijdehand, ze houdt ervan de leiding te nemen. Anderen ervaren haar als een haantje-de-voorste of wat al te eigenwijs, vinden haar hooguit onopgevoed als ze bruut inbreekt op een gesprek. Telkens als ik probeer aan mijn omgeving uit te leggen wat er zo complex is aan het leven met mijn oudste, word ik als overbezorgde moeder het bos ingestuurd met de geruststellende woorden: 'Joh, dat komt vanzelf wel goed', 'Dat heeft die van mij ook wel eens', 'Ze is wel erg aanwezig maar toch ook lekker levendig?', 'Maak je niet zoveel zorgen, die en die heeft een kind en dat...'

De achterkant zien vooral wij: om een beetje goed in haar vel te zitten heeft ze veel structuur nodig. Ze is snel angstig, zoekt de grenzen op tot de rek eruit is, zet haar hakken in het zand als er iets nieuws in aantocht is en wat we haar ook proberen bij te brengen op sociaal gebied: het wil maar niet beklijven. Intuïtief heeft de 'r' van regelmaat in ons huishouden een groot gewicht gekregen. In het begin waren we het nog naïef eens met de opvoedbladen dat ouders wat meer aandacht voor structuur zouden kunnen hebben. Totdat bleek dat we ons regime niet konden versoepelen zonder een heel erg wiebelig meisje te krijgen. Onze dochter heeft een zogeheten 'stoornis in het autistische spectrum'. Bovendien is ze gezegend met een bijzonder goed verstand, hoogintelligent volgens de test. Vandaar het zand dat ze eenieder in de ogen strooit, want ze blijkt heel behendig in vermijden en manipuleren.

Modern hè? Want ieder kind heeft tegenwoordig wel wat. Toch? Het maakt me boos en onzeker tegelijkertijd. Ik heb een hekel aan ouders die een sticker zoeken als hun kind niet aan het wensenlijstje voldoet. Ik moet wennen aan mijn nieuwe status als ouder van een gehandicapt kind. De confrontatie met mijn eigen vooroordelen vloert me keer op keer. Ik wil net zo hard dat er *wel* als dat er *niet* iets aan de hand is met mijn kind. Het allerliefst wil ik voor haar een zo normaal mogelijk leven, maar ik wil ook erkenning voor mijn dagelijks geploeter, mijn gevoel van onmacht.

Sinds de diagnose begrijp ik waarom ik een ijskastmoeder ben. Waarom ik niet naar haar toe ren als ze gevallen is, maar wacht tot zij naar mij toe komt. En waarom ik haar, als ze dan komt, niet meteen vastpak en overstelp met troostende woorden en genezende moederzoenen – zoals andere moeders dat doen als hun kind gevallen is – maar rustig blijf en zeg dat een pleister zal helpen. Waarom ik zo bot met haar communiceer en verzoeken altijd formuleer als opdrachten. Dat is niet omdat ik zo'n kille, koude dame ben – zoals de onderzoekers in de jaren zestig dachten die constateerden dat autisme ontstaat door afstandelijke moeders – maar omdat mijn kind dat nodig heeft. Zij beleeft de wereld als woest, wild, onstuimig en onvoorspelbaar en vraagt van mij dat ik, onder alle omstandigheden, de kalme haven ben waar ze kan terugkeren om op adem te komen. Daarom ben ik zo koel. Of misschien is *cool* een beter woord. IJskastmoeder is mijn geuzennaam.

Soms slaat iemand zomaar de spijker op de kop.

Twijfel

Soms gaat het heel moeizaam
Loopt er weer van alles mis
En is het duidelijk merkbaar
Dat hij toch echt heel anders is

Soms gedraagt hij zich voorbeeldig
Is hij aardig en sociaal
Dan slaat direct de twijfel toe
Overdrijven we het allemaal?

Is het niet gewoon een fase?
Of de leeftijd of zoiets?
Zijn we wel verstandig bezig?
Of mankeert hij misschien niets?

Ik weet wel dat hij anders is
Maar mijn hart wil er niet aan
Hoe zeker ik het soms ook weet
De twijfel blijft bestaan

Uit: *Storm in mijn hoofd*, Arwin Wels, Uitgeverij Pica, 2007

PRECIES

'Mama, hoe laat is het?' 'Eh, het is kwart over acht', antwoord ik op de automatische piloot. 'Nietes! Het is 13 minuten over acht.' O ja, sorry hoor, ik was even vergeten dat ik zo'n exact meisje heb. Kijk dan verdorie zelf op de klok, wat maken die twee minuten nou uit, 'men' rondt dat af, dat heb ik je toch al tig keer verteld – gromt het in mijn hoofd. Maar het heeft geen zin, want voor mijn oudste is 13 minuten over acht niet hetzelfde als kwart over acht.

'Mama, je rijdt te hard!' 'Nee hoor, je mag hier 80. Laat mij nou maar rijden.' 'Ja, het klopt dat je hier 80 mag, maar jij rijdt 82.' O, die verdomde digitale kilometerteller! Waarom heeft Renault bedacht dat die in het midden van het dashboard moet zitten in plaats van achter het stuur, waar bemoeit die griet zich toch mee, ik plak nog eens een pleister op die betweterige mond van haar, ieder ander kind van zes houdt zich toch niet bezig met de borden langs de weg en waarom vaart ze nou nooit eens blind op wat een volwassene doet – gromt het in mijn hoofd. Maar het heeft geen zin, want strikt genomen heeft ze gelijk.

'Mama, we moeten nog tandenpoetsen!' 'Het is al laat, hoogste bedtijd. Het hoort eigenlijk niet, maar vandaag slaan we het tandenpoetsen een keertje over', zeg ik haar op samenzweerderige toon. 'Maar dat mag niet! En hoef ik dan ook niet mijn pyjama aan en hoef ik ook niet te plassen en ah toe, doe je nog een verhaal, of twee? Nee, niet het licht uitdoen! Pak even mijn stiften beneden, dan ga ik nog tekenen...' Grr, nog verder van huis, ik ben zo moe en ik wilde het een keertje makkelijk doen, ik had het ook kunnen weten, dit werkt natuurlijk niet, waarom heb ik nou niet even iets langer, beter, slimmer nagedacht voordat ik dat uit mijn mond liet vallen – gromt het in mijn hoofd, maar het is al te laat.

Altijd, altijd moet ik heel goed van tevoren nadenken over wat ik zeg en doe. Weten welke gevolgen dat gaat hebben, voorzien op welke

weerstanden ik ga stuiten, voorkomen dat er valse verwachtingen worden gewekt. Nooit, nooit kan ik wegkomen met een slechte dag, want
die krijg ik diezelfde dag plus de dagen erna driedubbel en dwars terug
op mijn brood. En dan ben ik ook nog in de weer met die mensen die
zeggen dat ik het wat meer los moet laten. Ik zou ze het wel eens willen
zien doen, wat langer dan een uurtje of een dag de verantwoordelijk-
heid dragen voor een kind waarbij je consequent moet zijn tot in de
dood. Ik zou ze kunnen opvegen na 36 uur.

IN BAD

'Meisjelief, uitkleden en in bad!' 'Ik ga niet in bad!' is het nukkige antwoord. 'Jawel, het is zaterdag. In bad, of onder de douche, en haren wassen.' 'En toch ga ik niet in bad en ik ga al helemaal geen haren wassen!' 'Wie gaat er eerst, jij of je zus? Je mag ook samen.' En als zuslief dan eerst wil, dan wil zij eerst en andersom, zeer voorspelbaar. Goed, naar de badkamer dus. 'Kom, uitkleden en dan erin.' Zuchtend en steunend gaat het ene na het andere kledingstuk uit en uiteindelijk ligt alles verspreid over de hele eerste verdieping. 'Wat vies is in de wasmand, wat je nog aan kan over de stoel. Ga je kleren maar even bij elkaar pakken en uitzoeken.' Met een beetje geluk werkt het, meestal verdwijnt alles in de wasmand, ook goed. Ondertussen doe ik een karweitje boven en probeer op die manier niet al te nadrukkelijk te wachten op haar (niet-)actie. Sinds kort durft ze alleen in het bad te stappen dat ik dan al voor haar heb laten vollopen. Tot voor kort wilde ze nog altijd mijn handen vasthouden bij het instappen – krukje, antislipstickers of niet, het maakte allemaal niet uit. 'Ik kan dat niet, help me even.' Altijd voelde ik weer hoe eng ze het vond om in bad te stappen.

Wat is dat toch? Want als ze er eenmaal *in* zit, is ze er het eerste uur met geen stok meer *uit* te krijgen. Als baby krijste ze moord en brand in de tummytub. Niks gelukzalige glimlach en al dobberend herinneringen aan de baarmoeder ophalen. Diep ongelukkig, een en al krampachtigheid. Een badje was ook de oplossing niet. Weleda babybaddroesem deed haar niks. 's Morgens, 's middags of 's avonds, voor of na het voeden, met of zonder liedje, het was één groot tranendal. Toen ze twee weken oud was, nam ik haar dicht tegen me aan mee onder de douche en, zowaar, dat accepteerde ze. Na een paar maanden ontspande ze zelfs enigszins, al was het altijd krijsen zodra we haar uitkleedden om mee in bad te nemen.

Inmiddels hebben we strakke afspraken. Elke dag voor het slapengaan tandenpoetsen en mama poetst na (drama), gezicht wassen (drama), billen wassen ('Heb ik al gedaan!' *not*) en op woensdag en zaterdag in bad. Op zaterdag haren wassen. Alles wat met persoonlijke hygiëne te maken heeft, lijkt problemen te geven. Haren kammen is ook zoiets. En schone onderbroeken... Het gaat wel beter, in heel kleine stapjes. Maar zoals de dochter van een vriendin – die drie jaar op haar voorloopt en waaraan ik in het begin mijn toekomst probeerde af te lezen – sinds haar vijfde zelfstandig doucht en tandenpoetst, nee, dat zal er de komende zes jaar voor ons niet inzitten, vrees ik.

KRUIK

Pas toen mijn jongste het wekenlang telkens weer op een brullen zette zodra we buiten waren, viel bij mij het kwartje: dat kind heeft het koud. En ik schaamde me diep. Maar ik was het niet gewend. Mijn oudste heeft het nooit koud, ook niet te warm trouwens. Dus toen zij een baby was, vond ik dat gefriemel met mutsjes, sjaaltjes, maillotjes, sokjes en wollen hemdjes maar aanstellerig gedoe van overbezorgde ouders. Mijn meisje trok ik gewoon een jas aan en huppekee mee naar buiten...

Nou heb je natuurlijk koukleumen en warmbloedigen. Ik heb er van elk een. Langzaamaan wordt echter duidelijk dat die oudste er wel een heel bijzondere temperatuurvoorkeur op na houdt. Als peuter at ze vaste voeding bij voorkeur koud en weigerde ze warme dranken. Hartje winter heeft ze nooit behoefte aan een sjaal of handschoenen en gaat ze het liefst met open jas naar buiten, want 'Ik heb een kacheltje in mijn buik, mam.' En in het zwembad aarzelt ze niet om in het koude dompel-bad van de bijbehorende sauna te springen.

Haar zus heeft in de winter een extra deken op haar bed en een kruik erbij nodig om niet midden in de nacht wakker te worden van de kou. Meisjelief niet, die slaapt zonder pyjama en ligt dan nog te zweten. Toch heeft ze vorig jaar het genot van een warme kruik in bed ontdekt. Althans, wat ze er precies fijn aan vindt, weet ik niet, want ze eist hem zo verschrikkelijk heet dat het bepaald kindonvriendelijk is. En wat ze vanavond in bad uitspookte, benam me plaatsvervangend de adem: eerst vulde ze het bad met steeds heter water en plotsklaps stak ze haar hoofd onder de ijskoude kraan.

Wat is dat, hoe kan dat? Is ze gevoelloos? Is ze misschien de reïncarnatie van een oude Zweed? Of is het haar manier om het lijf, om haar begrenzing, te ervaren?

BEGRENZEN

Ze is nog een baby en iedereen zegt: 'Doe toch niet zo moeilijk met die slaaptijden, dan slaapt ze toch in de auto. Alle kleine kinderen zijn meteen vertrokken als je de straat uitrijdt.' Maar die van mij niet. Ze krijst hartverscheurend en houdt dat gerust een halfuur vol. Tegen de tijd dat we op de plaats van bestemming raken, is ze over haar slaap heen – en ben ik toe aan een dutje om bij te komen van de enerverende rit.

Ze is drie, vier, vijf en weer moet ik me verdedigen als ik tegen kinderbedtijd naar huis ga: 'Ah joh, kijk dan, dat kind is zo moe, zodra jullie in de auto stappen is ze vertrokken.' Maar nee hoor, als ik me weer eens laat verleiden, rijd ik met een klaarwakker meisje door Nederland. Niks serene rust op de terugweg, maar klepperdeklep en van me dit en me dat… Reuzegezellig, daar niet van, maar voordat ze dan thuis haar oogjes dichtdoet is het algauw een uur of negen.

'Geef kinderen een doos en een pollepel en ze vermaken zich urenlang, geweldig!' De keren dat mijn meisje zichzelf wist te vermaken zijn op een paar handen te tellen. Behalve dan wanneer ze in bad zit én, *tatadaa*, nu ze wat ouder is doen lange autoritten van minimaal een uur het goed. Het heeft even geduurd voor ik erachter kwam hoe het werkte. Cd-speler met koptelefoon mee, wat pennen en papier, werkbladen en wat ondefinieerbare speelgoedjes die multi-inzetbaar zijn en de achterbank vermaakt zich. Totale zussenvrede bovendien.

De overeenkomst met het spelen in bad zit hem denk ik in de beperking, het geen kant op kunnen. Dat geeft duidelijkheid, veiligheid en het is plezierig overzichtelijk. Kijk, dat hebben wij dan weer *wel*. Daarom hoeven wij dus geen dvd-spelers aan te schaffen voor in de auto.

NACHTZOEN

'Welterusten lieverd, lekker slapen, morgen weer een nieuwe dag', en terwijl ik mij vooroverbuig om haar te zoenen, word ik ruw weggeduwd. Huh? Wat krijgen we nu? We hadden vandaag net zo'n goeie dag samen. Ik verman me en zeg: 'Nee kom, het is slaaptijd nu. Ik geef je een zoen en dan ga ik naar beneden.' 'Ik wil geen zoen', zegt het donderwolkje en ze kruipt diep onder de dekens weg. Ik sta in dubio, ben geneigd 'Oké, ook goed!' te zeggen, maar dat voelt niet goed na onze fijne dag.

Vroeger, toen het meisje nog een baby was, kwam ze nooit echt lekker tegen me aangevleid. Ze wilde rechtop! Vooruit! De wereld in, zo leek het… Ze is mijn oudste en ik zocht er niets achter. Ik bedoel, je hebt meer en minder knuffelige types en dat mag toch? Ik vond het wel jammer dat ze zich nooit zo liet zoenen en verwennen. Vanaf een jaar werd stoeien de ingang tot lijfelijk contact. Ik was blij dat te ontdekken, want het voelde toch wat ongemakkelijk om dat lijfje zo technisch te behandelen. Maar het bleef beperkt, ze wilde nooit een hand, kwam niet op schoot en veegde consequent alle zoenen af.

Inmiddels zijn we een aantal jaren samen onderweg. Zij groeit, ik leer haar beter kennen en ze wordt in zekere zin toegankelijker. En toch. Juist zo bij het sluiten van de dag snijdt het door mijn ziel om weggeduwd te worden met 'Ik wil geen zoen.'

Toen ze geen avondvoeding meer kreeg, ging ik voor het slapengaan graag nog even bij haar kijken. Voorzichtig gaf ik een kusje op dat boze bolletje dat zelfs slapend niet tot onschuld kwam. Geïrriteerd draaide ze haar hoofd weg. Tien minuten later lag ze te huilen in bed, troosten werkte averechts. En telkens als ik gehoor gaf aan de oeroude behoefte om voor het naar bed gaan mijn kroost even toe te dekken en te kussen, was het de drie kwartier die daarop volgden één groot krijsend bal. Dus ja, wat doe je dan als je nachtrust je lief is? Ik passeerde de deur van haar kamertje voortaan op kousenvoeten, en met pijn in het hart. Die pijn sleet. Pas twee jaar later, in een nieuw huis, waagde ik het weer. Heel voorzichtig beroerden mijn lippen het slapende voorhoofd. Met een grom en een grauw draaide ze zich om. Ik hield mijn adem in, maar ze werd niet wakker. Triomf!

Nou ja, triomf. Waarom wil ik eigenlijk mijn kind zoenen terwijl ze daar niet van gediend is? Zo zit ik daar nu ook weer, op de rand van het bed van mijn zesjarige. Ik wil zeggen: 'Dan niet', maar in plaats van respect voel ik woede. En *dat* is wat er niet goed zit.

Soms krijg ik alsnog mijn nachtzoen met een grap en een grol, soms steel ik hem met grof geweld. Maar dan is het wel *mijn* nachtzoen en het is er niet een voor haar.

| 17

VOETWRAT

Mijn oudste heeft een wrat, een voetwrat. Ze zegt dat ze er geen last van heeft, maar ik betwijfel het, want het is een knoepert en hij zit op een lastige plaats. De gedachte echter dat er iets met haar lijf moet gebeuren maakt haar panisch. Liever pijn dan dat iemand zich met haar lijf bemoeit. Zo kleinzerig als ze is, zo idioot stoer doet ze als er echt iets aan de hand is. Lichtjes gestruikeld? Huis te klein! 'Mama kijk, kijk, kijk!!! Heb ik bloed?' gilt ze angstig van ver. En als er niks aan de hand is een verontwaardigde blik dat het heus heel erg is en dat het verschrikkelijk pijn doet, dat er een pleister op moet en dat ze vooral snoep verdiend heeft als troost (wees gerust, dat krijgt ze nooit, ze moet het doen met een zoen – maar die wil ze niet).

Maar o wee als er echt bloed aan te pas komt. Dan mag ik haar niet aanraken en al helemaal geen pleister plakken. Wanneer ik me ervan wil vergewissen dat het niet te ernstig is – ik kan haar moeilijk met een gebroken arm laten rondlopen – kost me dat alle geduld en rust en overredingskracht die ik in me heb. Ze heeft zelfs nog nooit een paracetamolletje geslikt. Geen polonaise aan mijn lijf is haar credo.

Maar goed, een akelige bloemkoolwrat dus op haar voetzool. Ik houd haar een paar dagen extra in de gaten en betrap haar erop dat ze de pijnlijke plek ontziet. Ook al ontkent ze dat uiteraard ten stelligste. Ik weet genoeg en maak een afspraak bij de huisarts. Ik vertel het haar pas een halfuur van tevoren omdat ze anders te veel over haar toeren raakt. Ik leg zo precies mogelijk uit wat we bij de huisarts gaan doen. Ik kan alleen niet inschatten of de wrat met stikstof weggehaald kan worden of dat hij weggesneden moet worden. Beide opties zijn voor haar een verschrikking, maar het feit dat ik haar geen zekerheid kan geven over het verloop van de behandeling maakt dat ze in een repeterend loopje raakt. 'Wanneer gaan we? Hoe laat is het nu? Maar wat gaat hij dan precies doen?' De kunst is nu daar niet in mee te gaan, het een keer duidelijk uit te leggen en stug vol te houden om het daarbij te laten. Diep ademhalen, me sterk maken, het niet zielig vinden en ook niet boos worden dat ze weinig vertrouwen in mij heeft.

Iedere vezel van het lijfje staat strak gespannen als we de spreekkamer ingaan. Oeps, een nieuwe huisarts in opleiding. Hij is echt hartstikke lief en doet op zijn manier zijn best, maar hij raakt bijzonder geïntimideerd door dit kind, dat de boel bij elkaar schreeuwt en op geen enkele manier wil meewerken. Hij praat en praat en poogt haar zo op haar gemak te stellen. Voorzichtig suggereer ik dat maar achterwege te laten en samen aan de slag te gaan. Maar hij vat de hint niet en kijkt me bevreemd aan, denkt zeker dat ik zo'n hardvochtige moeder ben die het niks kan schelen dat haar kind in paniek is en niet nog een keer wil langskomen omdat dat met haar werk niet goed uitkomt. Halfhartig stipt hij de wrat uiteindelijk aan en hij houdt onmiddellijk op als het meisje kermt dat het vreselijk veel pijn doet.

'Zijn we nou klaar?' 'Ja, we moeten over drie weken terugkomen maar nu zijn we klaar.' En dan zie je de gedaantewisseling. Ze ontspant, praat honderduit, lacht en stelt de nieuwe dokter de ene vraag na de andere. Ze dartelt door de spreekkamer en maakt geen aanstalten om te gaan. Ik pak haar bij de hand, zeg haar dat ze de dokter gedag moet zeggen en laat de jonge basisarts in opperste verwarring achter...

NAAR DE TANDARTS I

'Ik wil niet, ik doe het gewoon niet, ik ga niet mee!' 'Kom maar, ik weet dat je het spannend vindt, maar we gaan wel. We gaan samen en ik blijf bij je. Kom, we gaan nu.' Ik neem haar stevig bij de hand en loop gedecideerd naar buiten. In de auto op weg naar de tandarts hoopt ze dat alle stoplichten op rood staan en we daardoor te laat gaan komen. 'Misschien is er dan al iemand anders aan de beurt en dan is er geen tijd meer voor mij.' We rijden de gracht op. 'O jee, hier is het, hè? Misschien is er wel geen parkeerplaats', zegt ze hoopvol. Maar we parkeren voor de deur en vanaf dat moment wijkt ze geen moment meer van mijn zijde. Samen halen we een parkeerkaartje, maar ze wil niet zoals anders chippen en de tijd bepalen.

We gaan naar binnen, eerst jas ophangen, meteen door naar de wc, altijd poepen, dan tandenpoetsen. Dat is allemaal nog vooraan in de hal, relatief veilig terrein. Dan moeten we langs de receptioniste naar de wachtkamer. Ik voel dat ik haar steeds meer mee moet trekken. Ze duikt in het hoekje van de tweezitter. Met haar zes jaar maakt ze zich zo klein als ze kan, duim in de mond, opgekruld in foetushouding. Andere ouders zie ik puzzeltjes maken en boekjes lezen. Met een schuine blik kijken ze naar ons. Zachtjes jammerend, kreunend en wenend schokt mijn meisje in het hoekje van 'haar' bank.

Ik zwijg en probeer mijn hand op haar te laten rusten. Soms staat ze dat toe. Praten helpt nu niet, elke poging tot afleiding leidt tot een boze blik. Niet het kinderlijke soort, maar van die boze blikken die kunnen doden. Ik ben daar niet meer bang voor, ik weet dat ik nu vooral kalm moet blijven en versteen tot rots in de branding. Ik ben er. Ik ben.

SCHOOL

Mijn adagium is 'geen gezeur, mijn kinderen gaan om de hoek naar school' en niet in de laatste plaats omdat ze dan lekker snel zelfstandig op en neer kunnen gaan. Het lijkt me goed als kinderen geleidelijk hun vrijheid verwerven en van jongs af aan de kans krijgen om buiten het blikveld van paps en mams te experimenteren. Bijkomend voordeel is dat ikzelf daarmee mijn handen weer wat vrij krijg.

Toen de oudste anderhalf was, zijn we om die reden ook de stad uit-gegaan naar een dorp met zesduizend zielen een paar kilometer ver-derop. Er staan vier basisscholen. Om de hoek een zieltogend protes-tants schooltje met vier combiklassen, met daarnaast een populaire katholieke school (maar ze doen weinig aan godsdienstonderwijs, wordt mij verzekerd) die uit zijn voegen barst en containerlokalen aan het plaatsen is op het schoolplein. In het centrum zit de openbare 'kraak-noch-smaakschool' en dan is er nog een elitaire parochiale katholieke school aan de andere kant van het dorp. Niks jenaplan, dalton, montes-sori, iederwijs of anders buitenissigs, alle vier rechtdoor klassikaal en natuurlijk allemaal met aandacht voor het kind en betrokkenheid van ouders hoog in het vaandel.

Hm, opmerkingen van de peuterspeelzaaljuf en ook van ouders met grotere kinderen hebben mij er inmiddels wel van overtuigd dat we geen doorsneekind op de wereld hebben gezet. 'Ze' zeggen dat we haar moeten laten testen op hoogbegaafheid, maar dat lijkt me wat vroeg en het voelt ook overdreven. En trouwens, wat dan? Als ik me verdiep in de problema-tiek die met slimmigheid kan samenhangen, stuit ik op allerlei would-be HB-ouders waar ik helemaal niet bij wil horen. En eerlijk gezegd past ons meisje ook steeds net niet in de plaatjes. Maar ja, ze heeft wel on-miskenbaar een minder toegankelijke gebruiksaanwijzing. Waar is ze dan het beste af?

De openbare school valt af: te nikserig. De zwaar-katholieke ook: niet om de hoek en de ouders op het schoolplein spreken ons niet aan. We gaan op bezoek bij het kleine christelijke schooltje, maar maken het liefst rechtsomkeert als we bij het binnenkomen stuiten op de aan de muur gespijkerde Tien School Geboden. De overmatig populaire school valt ook uit de gratie als de schoolleider glashard volhoudt dat de juf in de kleuterklas in staat is om alle 36 (maximaal 39) kinderen in de klas optimale aandacht te geven, in haar eentje.

Dochterlief gaat dus niet in het dorp naar school en daardoor worden we gedwongen na te denken over wat wij denken dat goed voor haar is. We komen erachter dat leuke scholen die methodes aanhangen als dalton, freinet, montessori en jenaplan waarschijnlijk ongeschikt zijn voor ons meisje. (Ik zou het fantastisch hebben gevonden om zo te hebben mogen leren, maar ik ben haar niet.) Je kunt een kind dat zoveel behoefte heeft aan structuur dergelijke schoolsystemen niet aandoen. Natuurlijk, ze is nog jong, maar het lijkt er sterk op dat ze veel (bij)sturing nodig zal hebben en dat pleit niet voor de scholen die zelfstandig werken propageren. Al is het gezien haar waarschijnlijke capaciteiten wel weer fijn als er gedifferentieerd lesgegeven wordt. Aan de andere kant, met leren komt het wel in orde, daar hoeven we ons niet echt druk over te maken, en daar kunnen we thuis ook nog wel een steentje aan bijdragen.

Zo wikken en wegen we ons in de knoop. Totdat het voorval met de kleuterjuf van de katholieke school me plots helder voor de geest staat. Eén juf voor bijna veertig kinderen, dat gaat mijn kind niet trekken. Ze moet er mogen zijn. Gezien worden bovendien. Aandachtspunt daarbij is dat ze niet alleen met haar hoofd bezig gaat maar ook gevoel ontwikkelt voor de sociale en emotionele kant en liefst nog wat kunstzinnigheid erbij. Uiteindelijk draait het er in het leven om dat je de balans vindt en daar zullen we haar een beetje bij moeten helpen. Is het mogelijk een plek te vinden waar veel aandacht wordt besteed aan de softere kanten van het leven? De zaken die het hart aangaan, werken met de handen, leren leven? En dat dan liefst gecombineerd met veel structuur.

Tot mijn grote verrassing kom ik uit op de Vrije School. Ik dacht, waarschijnlijk niet als enige, dat vrij stond voor los, *laisser faire*, voor de vermaledijde vrije opvoeding uit de jaren zestig en zeventig. Maar het blijkt 'vrij' te zijn naar analogie van Vrije Universiteit. Om in vrijheid het onderwijs te kunnen vormgeven zoals men denkt dat het goed is. Op de website lees ik: 'Klassikaal onderwijs waarbij de persoonlijke ontwikkelingsweg van elk kind centraal staat. De ontplooiing van sociale, kunstzinnige en ambachtelijke vermogens is bovendien even belangrijk als de ontwikkeling van het intellectuele vermogen.' Dat klinkt allemaal heel passend, tenminste als het lukt om onze draai te vinden bij antroposofen. Als ze niet al te dogmatisch zijn, moet dat misschien wel lukken. Blijft er nog maar één probleem over: hoe vertel ik het mijn man, die van de afdeling no-nonsense is?

OPENBARING

Op een zondagmiddag, zo'n perfecte herfstmiddag voor een rondje op de fiets, fietsen we zomaar opeens in de buurt van de Vrije School. 'Kom, we gaan even kijken', zeg ik tegen mijn lief. En daar staan we dan, voor een gesloten hek. We drentelen wat heen en weer, hoe bekijk je een dichte school van achter een hek? Fijn speelplein wel, zo te zien. Lekkere bosjes, een grote zandbak met allerlei boomstammetjes van verschillende formaten waarmee gesjouwd kan worden. Er ligt een gekapte boom bij wijze van klimtoestel en omdat de school zo grappig gevormd is, lijkt het gebouw wel wat op een honingraat. Op het plein, dat er zo'n beetje omheen gedrapeerd ligt, zijn er prachtige hoeken en gaten ontstaan die uitnodigen tot spelen, verstoppen en rommelen. En terwijl we daar onze nekken staan te verrekken en de kinderen zich vermaken op de stoep, komt er een man aangelopen met een vissenkom onder de arm. We begroeten elkaar vriendelijk als hij het hek opent om naar binnen te gaan. 'Werkt u hier? Kunt u ons zeggen of er binnenkort misschien een open dag is?' 'De open dag, nou dat duurt nog wel even, dat is meestal ergens in het voorjaar. Maar ik wil jullie wel even de school laten zien. Willen jullie dat?' Mijn mond valt net niet open van verbazing, welk geluk valt ons nu in de schoot?

De kleuterklassen zijn min of meer afgescheiden van de andere klassen. Er is een eigen ingang, een eigen plein en via de 'grote zaal' wordt de verbinding met de rest van de school gemaakt. De grote zaal is een ruimte met een heus podium, gordijnen en toneellicht. Bij slecht weer kan er gespeeld worden en wekelijks krijgen de kleuters hier euritmie, een speciaal soort bewegingsonderwijs begeleid door *live* muziek. We mogen uitgebreid rondkijken op de kleuterafdeling met drie klassen en een peuterspeelgroep. Veel hout, ouderwetse stoelen en tafels zoals ik ze nog uit mijn jeugd ken – al staan ze niet meer in rijtjes opgesteld. Overal lappen en doeken en schattige halve gordijntjes, roze en gele, voor het raam. De leerkracht vertelt, luistert en laat ons vooral in alle rust de sfeer opsnuiven. Hij benadrukt het belang van ritme en structuur voor kleuters en hoe de seizoenen en de jaarfeesten daar op een natuurlijke wijze aan bijdragen. 'En hoe stel ik me dat dan voor?' 'Elke dag heeft hetzelfde ritme op school, daardoor voelen de kinderen zich snel vertrouwd. De verschillende activiteiten verlopen in een vaste volgorde. Ik zie die kleuters genieten als ze al weten wat er komen gaat. Het tekenen, boetseren, schilderen, euritmie en brood bakken gebeurt steeds op vaste dagen en zo krijgt ook elke dag van de week zijn eigen kleur. De jaarfeesten – die samenhangen met de seizoenen – worden hier uitgebreid voorbereid en gevierd. Zo wordt ook het natuurlijke ritme van het jaar voor de kinderen beleefbaar.' Het rolt allemaal op zo'n vanzelfsprekende manier uit zijn mond, als we echt voor deze school gaan kiezen, hebben we nog heel wat huiswerk te doen! Maar ik vrees dat het voor mijn man sowieso te veel van het goede is, die heeft niks met dat snoezige popperige, wat het in de kleuterklassen toch wel heel erg is. Ik kijk maar even niet opzij.

Terug op de fiets is het stil. Overweldigd door alle indrukken probeer ik voor mezelf uit te maken wat ik er nu eigenlijk van vind. Ik kijk opzij om daar de stemming te peilen. Er rolt een dikke traan over zijn wang. 'Hé, wat is dat nu?' Terwijl zijn tranen de vrije loop krijgen, zegt hij met heel zijn ziel en zaligheid: 'Als je toch zo naar school mag gaan, dat is toch geweldig! Waarom zat ik niet op zo'n warme school? Als ik nu zie hoe anders het kan zijn. Het kan dus ook gewoon leuk zijn om naar school te gaan. Wat een openbaring!'

GRAPJE

'Maar dat is toch gewoon niet eerlijk?!' Ze schreeuwt het uit op de fiets. 'Ze pest mij, ze pest mij altijd!' We rijden terug van de vakantiespeelweek en mijn dochter vertelt op hoge toon wat een buurmeisje nu weer tegen haar heeft gezegd. 'Probeer het me eens rustig te vertellen lieverd, wat is er gebeurd?' 'Nou, zij doet gewoon stom tegen mij. Ze zegt *meisjedukje zit op een krukje, krak zegt het krukje, weg is meisje-dukje* en dat doet ze expres.'

Ik probeer een glimlach te onderdrukken. Onderscheid maken tussen plagen en pesten is zo verschrikkelijk moeilijk voor dit kind, dat niet tussen de regels door kan lezen. Wanneer we thuis een grapje maken, met haar of met elkaar, verschijnt altijd weer een groot vraagteken op haar gezicht. En na haar aarzelend 'Was dit nou een grapje?' kan ze woest wegstampen, 'Maar ik vind dat helemaal niet leuk, ik hou niet van grapjes' debiterend.

'Ik denk dat ze het niet lelijk bedoelt, dat meisje-dukje.' 'Ja maar ik heet zo niet en ik vind het niet leuk en dan zegt ze ook nog *krak zegt het krukje, weg is meisje-dukje* dus dat is lelijk want dan wil ze mij weg hebben.' Ik weet even niet hoe deze cirkelredenering te doorbreken. Het buurmeisje is een paar jaar ouder en vrijwel zeker vol goede bedoelingen. 'Je kunt ook terugzeggen: *Julie-dukje zit op een krukje, krak zegt het krukje, weg is Julie-dukje.*' Ze kijkt me aan, vertwijfeld. 'Ik denk namelijk dat het gewoon een grapjes-rijmpje is. Ik denk dat ze jou erg aardig vindt en het klinkt gek maar mensen die elkaar aardig vinden, plagen elkaar graag. Net zoals papa en ik.' 'Nou, ik denk het niet, hoor', moppert ze nog voor de vorm, maar ik zie iets broeden in dat koppetje.

De volgende ochtend fietsen we weer naar de speelweek. De jongste zit bij mij achterop, de oudste wijst de weg. Opeens hoor ik zachtjes naast me: *zusje-dukje zit op een krukje, krak zegt het krukje, weg is zusje-dukje.* Mijn jongste giert het uit, bij de oudste valt het kwartje.

MIGRAINE

'Och mamaatje toch, ben je zo ziek?' Een regen van koele zachte kusjes daalt neer op mijn zere hoofd. Dat moet mijn jongste zijn, dat kan niet missen. Terwijl mijn man met de kinderen een dag op stap was, ben ik plotsklaps geveld geraakt door migraine en ik lig inmiddels ellendig in bed terwijl het lijf geen slokje water meer binnenhoudt. Ik fluister wat onsamenhangends terug en vraag of ze haar vader even naar me toe wil sturen. Ze is al weg, mijn Florence Nightingale, in een vage verte hoor ik haar trip-trap naar beneden dartelen. O hemel, deze inspanning was me alweer te veel en voor de zoveelste keer die dag hang ik boven de verfoeide bak. Terwijl mijn hele lijf samenkrimpt om naar buiten te persen wat er niet meer is, zie ik een schim bij de slaapkamerdeur. Was dat, o nee, dat was toch niet mijn oudste? Die kan sowieso niet uit de voeten met zieken en als ze mij in een zo compromitterende houding aantreft, moet dat voor haar onverdraaglijk zijn.

Stilte. Ze was er vast niet, ik heb haar ook niet op de trap gehoord. In al mijn ellende voelt een stukje lijf zich gerustgesteld. 'Papa, mama moet overgeven!' hoor ik haar glashelder naar beneden roepen. 'Mislukt', denk ik, maar dan zak ik alweer weg. Dat lossen we later wel weer op.

Na een migrainedag moet ik vaak nog een dagje nasudderen. Het zijn niet mijn beste dagen en dan kunnen de kinderen weinig goed doen. Zo'n dag was het dus. Bij het avondeten werd het me te veel, ik dreigde te gaan schreeuwen en had erg veel zin om flink om me heen te meppen naar die ongehoorzame dochters van me. Op tijd kwam het inzicht dat het waarschijnlijk vooral aan mezelf lag dat ik het gebruikelijke krakeel zo slecht verdroeg. Ik mompelde dat ik het niet meer trok en liep weg van tafel. Even naar boven, even op mezelf.

Na een poosje kwam de oudste boven, ze zocht iets op haar kamer en zag mij op bed liggen. 'Wat is er nou met jou, mam?' 'Ach, laat me maar even, ik ben een beetje moe en verdrietig.' 'Waarom ben je dan verdrietig?' 'Nou, ik denk omdat het bij het avondeten leek alsof jij en je zus allemaal lelijke dingen tegen mij deden. Maar ik had gisteren heel erge hoofdpijn en daar ben ik vandaag nog erg moe van en daarom kan ik er denk ik niet zo goed tegen.' Triomfantelijk zegt ze: 'Nee, mam, weet je wat dat is? Dat zijn grapjes! Zo voel ik me ook als jullie dat met mij doen.'

Wat geeft ze me daarmee een mooi inkijkje. Wat is het bijzonder dat ze dat zo weet te verbinden en te verwoorden. En wat doet het pijn!

STAMPEI

De jongste laat gelukkig niet over zich heen lopen – en dat is een kunst met zo'n dwingende grote zus – maar de laatste tijd bijt ze wel erg venijnig van zich af, terwijl dat niet in haar aard ligt. Iedereen die haar kent, noemt haar als vanzelf een zonnetje, en dat is ze ook. Een kind dat straalt en de mensen om haar heen verwarmt. Moeders staan steevast te glimmen van genoegen wanneer ik haar kom ophalen van een middag spelen. En niet omdat ze blij zijn dat mijn kind weer vertrekt, maar omdat ze een hele middag geen omkijken naar het kroost hebben gehad. 'Wat een gezellig kind,' kirren ze dan, 'daar kun je er wel tien van hebben.' Dat is echter niet helemaal het beeld dat ze *nu* laat zien. De kleuterjuf laat me zelfs bezorgd weten dat ze de afgelopen week tot drie keer toe hoogoplopende ruzie met haar hartsvriendinnen heeft gemaakt en dat ze daarbij flink geslagen en zelfs gebeten heeft. Oei, dat is niet best.

Onwillekeurig dringt zich een parallel op. Sinds de meivakantie is mijn kleine meisje in sneltempo groot aan het worden. Ze schiet de lucht in, maakt grote 'oei-ik-groei'-sprongen in haar emotionele en cognitieve ontwikkeling *en* voor het eerst in haar leventje is ze bij flinke fysieke inspanning tot kotsen toe benauwd. Ik kan mij niet aan de indruk onttrekken dat dit alles staat voor een grote behoefte aan ruimte.

En daarin zit hem de crux. Hoe combineer je in een gezin de opvoeding voor twee zulke verschillende kinderen? Voor de jongste zou het goed zijn om af en toe te marchanderen met de regels, om gekke invallen voor uitjes gewoon op te volgen en om veel aaibare huisdieren in huis te halen. Maar de oudste wordt onuitstaanbaar van uitzonderingen op de regel, gooit de kont tegen de krib als je er onverwachts op uit wilt trekken en is panisch voor al wat kruipt zonder batterijen. Wat ontegenzeggelijk waar is, is dat in mijn hoofd het afgelopen jaar veel aandacht en energie naar de oudste is gegaan. Ik heb geprobeerd

de kinderen daar weinig van te laten merken, maar waarschijnlijk is
dat een onmogelijke opgave. Misschien werkt het zo dat mijn zonnetje
stampei maakt opdat zij nu aan haar trekken komt. En dat mag, al is
het even wennen.

BANGELAAR

Het eerste jaar met onze oudste is geen feest, en dat is een understate-
ment. Ze is continu boos, lacht zelden, is bijzonder dwingend en ik kan
haar er niet op betrappen ergens van te genieten. 'Kinderen hebben is
heel zwaar, maar je krijgt er zoveel voor terug', zeggen ze dan: onzin
van de bovenste plank. Ik ga denken dat ik gewoon niet zo geschikt
ben voor dat eerste levensjaar. Verzorgen zit mij niet echt in het bloed,
zullen we maar zeggen.

Ze is nog geen uur oud als de kraamverpleegster zegt: 'Wat een bijzonder kind, ze kijkt je meteen aan, hè?' En hoe! Dit meisje doorboort
me met haar diepe, donkere ogen, ze fixeert haar blik en dringt diep
door tot in mijn ziel. Als het geen kind was, zou ik er bang van worden. 'Een oude ziel', zegt mijn vriendin en met haar vijf weken oud lijkt
dit kleine baby'tje inderdaad verdacht vaak op een wijs oud mannetje.
Daar zit ze bij mijn schoonmoeder op schoot, omhoog te kijken, en ik
vraag me af: 'Wie onderwijst hier nu wie?' Met zeven maanden trekt ze
zich aan alles op en loopt langs richels en randen. Vanaf dat moment
wordt mij steeds vaker gezegd: 'Zou je haar niet eens laten testen?'

Maar waarom dan, vraag ik mij oprecht af. Omdat ze zo snel gaat?
Dat is toch eerder een zegen dan een probleem? Wat kan een etiketje
daaraan bijdragen? Of is dat erg eigenwijs?

Zo hobbelen we een aantal jaren voort en intuïtief ontstaat er een manier om met dit kind, dat bij ons is gaan horen, om te gaan. We zoeken naar een weg om samen te kunnen leven op een manier die voor
iedereen iets goeds kan brengen. Het is geen eenvoudige weg, maar
geleidelijk aan groeit het besef dat kinderen grootbrengen weinig met
rozengeur en maneschijn te maken heeft. En dan, op een dag, na een
lange tijd die meer in het teken van overleven dan samenleven heeft
gestaan, overzie ik het slagveld en moet ik toegeven: ik heb alles ge-

daan wat in mijn vermogen ligt, maar het is niet genoeg. Ik wil weten hoe we dit meisje kunnen ondersteunen in haar zoektocht naar balans. Liefhebbende, structuurbiedende ouders zijn blijkbaar niet voldoende. Het kost me veel moeite om onder ogen te zien dat hulp zoeken niet gelijkstaat aan falen. Met grote schroom – want er zijn zoveel kinderen die er slechter aan toe zijn – besluit ik op zoek te gaan naar een deskundige. Maar hoe vertel ik dat mijn kind?

De dagen erna is ze ziekig en heeft ze nare, heftige hoestbuien die haar wakker houden. Ze is bang om over te geven, 'want dat ziet er zo vies uit', en ze jammerklaagt: 'Dit komt nooit meer goe-oed.' Op verzoek kom ik even bij haar liggen. Ik vraag haar te denken aan fijne dingen, de zon op haar huid, ijsjes eten of lekker van de grote waterglijbaan in het zwembad roetsjen. 'Die is niet zo groot, hoor', zegt ze een beetje verontwaardigd.

En dan, na een korte stilte:

'Ik ben altijd bang om jullie kwijt te raken.'

Het komt bij mij aan als een mokerslag, maar ik probeer er maar een lesje 'denken in oplossingen' van te maken.

'Ja, dat weet ik, en wat zou je dan doen?'

'Ik zou naar huis lopen en net zo lang wachten en wachten en wachten totdat jullie komen.'

'Dat is goed bedacht, want we komen daar natuurlijk altijd terug.'

'Of ik zou iemand vragen of hij wil helpen mijn vader te zoeken, maar misschien vraag ik het dan wel aan papa, of aan jou of aan mijn zusje, maar dan zie ik dat niet...'

'Dat je ons dan niet herkent?' probeer ik, want ze klinkt serieus.

'Ja, want dan is het zo druk in mijn hoofd.' Ik zeg dat ik het snap dat het druk in je hoofd wordt als je bang bent en we lachen er ook een beetje om en dan zegt ze opeens:

'Ik ben eigenlijk maar een *bangelaar*, ik ben altijd maar bang.'

'En vind je dat vervelend?' vraag ik haar, want ik vraag me wel eens af of ik het niet groter maak dan nodig is.

'Ja.'

'Want...'

'Want dat moet niet', zegt ze meteen en ze stokt even. Dan probeert ze: 'Want dan lachen andere kinderen je uit.' Ze weet denk ik niet hoe ze het anders onder woorden moet brengen, het gevoel dat ze anders is dan de anderen.

Ik weet genoeg, ik had al besloten om hulp te gaan zoeken, ik weet nu dat zij dat, uiteindelijk, ook op prijs zal stellen.

KINDERPSYCHIATER

Op stap dus met de oudste. Maar waar begin je dan? Wat is de vraag, naar welk antwoord ben ik op zoek? Ik zie vooral een angstig meisje dat heel veel structuur nodig heeft en heel vaak erg boos is. Dat *ik* daar last van heb, lijkt me van ondergeschikt belang, het gaat mij erom dat ik zie dat het haar remt in haar ontwikkeling. Ik bedoel, wanneer een kind een potentieel vriendje eerst vraagt of hij of zij huisdieren heeft en bij een positief antwoord de kans op vriendschap meteen voor bekeken verklaart, dan ontzeg je je je toch iets essentieels?

Ik loop drie weken rond met de vraag waar te beginnen, hoe, bij wie en waarom. Dan word ik geveld door een stevige griep met hoge koorts. Drie dagen lang broed ik koortsig op mijn kind. En met het opknappen begint er een structuur te dagen.

Het is me opgevallen dat er grote verschillen zijn waar te nemen in het zomermeisje en het wintermeisje. Elk voorjaar is er opeens dat moment dat ik me afvraag waar ik nou al die tijd zo moeilijk over heb gedaan. Kijk dan wat een mooie, stralende, vrolijke meid daar buiten aan het fietsen is! En dat ze wat meer structuur en regels nodig heeft, ach, daar valt wel mee te leven. Het is een kind met een hele sterke wil, daar kan ze later profijt van hebben. Zeg nou zelf, zo'n kind dat als een boeddha naar het plafond ligt te staren, daar zit toch ook geen leven in? Met het ouder worden lijkt ze meer grip te krijgen op zichzelf en de wereld om haar heen. En dan, zo ergens in oktober, loopt het steeds moeizamer en piepend en krakend komt alles tot stilstand. Alle opgebouwde positieve ervaringen verdwijnen als sneeuw voor de zon, mijn meisje is weer bang voor van alles en nog wat, claimt me als de eerste de beste tweejarige in de peuterpuberteit en niets, maar dan ook niets, is goed genoeg. Misschien heeft ze net als haar vader wel last van winterdepressies. Zou dat kunnen, zo jong al?

Na al dat gepieker over waar te beginnen, besluit ik dat ik nog niet hoef te weten wat er aan de hand is. Dat is juist mijn vraag. Wat een bevrijdende ontdekking. Als ik het antwoord al zou kennen, was het niet zo'n zoektocht. Het klinkt te triviaal voor woorden, maar er valt op dat moment een pak van mijn schouders. Omdat ik goede ervaringen heb met een kinderarts die verbonden is aan een multidisciplinaire praktijk, besluit ik de oudste daar aan te melden. Vooraf lever ik een vragenlijst in en stuur op een A4-tje mee wat mijn vraag is. Ik schrik me een hoedje als ik de oproep krijg en zie dat mijn dochter niet bij de kinderarts, maar 'gezien de aard van de problematiek' een afspraak bij de psychiater heeft.

Dagenlang worstel ik ermee hoe ik mijn dochter ga vertellen dat we naar de psychiater gaan. Ze is immers panisch voor dokters. En wat zeg ik dan als ze vraagt wat we daar gaan doen, terwijl ik dat zelf nauwelijks weet? En wanneer zeg ik het haar, wat is een goed moment? Op een avond waarop ze niet in slaap kan komen, op een moment dat je goed beschouwd als slecht getimed zou zien, flap ik het eruit als ik me plotseling herinner hoe ze over zichzelf als 'bangelaar' sprak. 'Ik heb een afspraak gemaakt met een praat-en speelmevrouw die gaat proberen jou te helpen zodat je niet meer zo'n bangelaar hoeft te zijn.' Haar ogen beginnen te stralen... 'Echt? Maar hoe gaat ze dat dan doen? O, ik vind het spannend, zie je, nou ben ik meteen alweer bang. Misschien verkleedt ze zich wel als spook.' 'Gekkie, ze weet toch dat veel kinderen dat niet leuk vinden. Dat doet ze echt niet.' 'Maar wat gaat ze dan doen, hoe doet ze dat dan? Kan dat wel?' 'Als ik dat wist, zou ik het je ook kunnen leren. Deze mevrouw heeft daarvoor geleerd en dus gaan we kijken of ze je kan helpen.' 'O ja. Daarom gaat ze zich misschien als spook verkleden, en dan kijkt ze of ik daar bang voor ben en dat ben ik natuurlijk.'

'We gaan eerst naar die mevrouw, die praat dan een halfuurtje met mij en jij speelt dan in de wachtkamer en daarna gaat ze met jou spelletjes doen en praten.' 'Hoe ziet het er daar dan uit? En ik hoop dat ze mooi is, want ik vind het niet leuk als ze lelijk is. Ik hoop dat ze van die gladde bruine haren heeft, tot hier *(wijst op haar schouders)* en hoge hakken. En dat ze geen spokenkleren aandoet en dat ze ook niet zulke hele lange haren heeft *(wijst op haar billen)*, want dat vind ik ook een beetje |35 eng. En hoe ziet het er daar dan uit en wat heeft spelletjes doen er nou mee te maken, dat helpt toch niet? En ga ik daar dan elke week naartoe?' 'Ja, misschien wel, dat weten we nu nog niet. De oppas gaat de eerste keer mee zodat je niet helemaal alleen hoeft te zijn in de wachtkamer. We gaan niet alleen bij deze mevrouw langs, maar ook bij iemand die jou gaat masseren en bij een mevrouw die met je gaat tekenen en schilderen. Samen bedenken ze dan hoe ze jou het beste kunnen helpen.' 'Tekenen en schilderen, wat kan je daar nou mee doen? O, ik weet het al, dat leidt af en dan hoef je niet te denken aan bang zijn, daar is dat voor.'

Zo praten we nog even door over hoe het er daar uitziet, en dat we de folder en de website zullen bekijken. Ze is heel blij en tevreden dat we erheen gaan, en ze vindt het vooral leuk en spannend. Blij en verward ga ik naar beneden. Wat heerlijk dat ze het zo goed oppakt, deze reactie had ik in mijn stoutste dromen niet durven verwachten. Op naar de psychiater.

DROOM

'Mama, weet je wat ik gedroomd heb?!' roept ze opeens en ik verslik me bijna in mijn koffie. Bij het ontbijt moet je mij niet al te luid benaderen, dat kan mijn systeem niet goed aan. Sinds mijn oudste dochter een dromenvanger heeft voor (tegen?) die ene, steeds terugkerende nachtmerrie, hoor ik haar niet vaak meer over dromen. In tegenstelling tot haar zus, die het hele leven bij elkaar droomt en die er niet alleen alles in verwerkt wat overdag gebeurd is, maar op die manier ook haar wensen in vervulling laat gaan.

'Nou, vertel eens', zeg ik nieuwsgierig, al hecht ik niet al te veel aan droomverklaringen. 'Ik droomde dat ik...' aarzelend zoekt ze naar woorden en ik knik haar bemoedigend toe, want ik weet hoe moeilijk het is om dromen in woorden te vangen. 'Ja, eigenlijk, ik stond in het midden en zo om me heen stonden allemaal Eiffeltorens.' Ze gebaart beeldend met haar handen en kijkt vol ontzag omhoog. 'Maar die Eiffeltorens waren, hoe heet dat, eh... je kon ze niet aanraken, nee, onzichtbaar. Die waren onzichtbaar en ze stonden zo allemaal om mij heen.' 'En jij kon ze wel zien?' 'Ja, ik kon ze zien met een speciaal brilletje. En ik stond daar middenin en ik kon er niet door. En toen kwam Annebel (het meisje met wie ze zo graag grote, dikke vriendinnen wil zijn, maar dat lukt steeds minder goed) en die liep in de verte en ze kwam naar me toe en zij zag die Eiffeltorens niet en toen liep ze er zo doorheen! Omdat ze natuurlijk niet zag dat die Eiffeltorens daar stonden. En toen dacht ik: "Hé, zou ik dat ook kunnen?" En toen liep ik zo hop-hop-hop *(ze maakt mooie slalombewegingen met haar armen)* erdoorheen! Eruit en erin.'

Triomfantelijk kijkt ze me aan. 'Dat lijkt me een hele fijne droom', zeg ik, onder de indruk van de voor zichzelf sprekende beelden. En stiekem betrap ik me erop dat ik deze droom graag als een doorbraak(je) zou willen uitleggen.

INTAKE

Op naar de psychiater dus. Het kost me moeite om vast te houden aan het gevoel dat dit een goed plan is. Ik hou niet van etiketjes en tja, een psychiater, die is bij voorbaat beroepsgedeformeerd en dus geneigd tot stickers plakken, vrees ik. Om eerlijk te zijn, loop ik keihard tegen mijn vooroordelen op over psychiaters. Moet *mijn* kind naar iemand die mensen onderzoekt die ziek in hun hoofd zijn? Mijn meisje is lastig, maar ze is niet gek! Een bezoek aan een psychiater is duidelijk meer beladen dan een afspraak bij een kinderarts. Ik probeer hoofd en hart te scheiden en spreek mezelf streng toe dat specialisaties nuttig zijn en dat ik het zelf ben die er zo'n lading aan geeft. Met wie bespreek je dit soort zaken als je je toch al kwetsbaar voelt? Mijn geliefde is voor vijf weken naar het buitenland en ik mis zijn relativeringsvermogen. Toch wil ik niet wachten, eenmaal deze weg ingeslagen wil ik graag doorwandelen. Dan maar een obstakel extra, dat moet ik er dan maar bijnemen.

Wanneer ik mijn dochter – die opgetogen en verwachtingsvol is – bij de arts achterlaat in de spreekkamer (zij gaat eerst, tot mijn verbazing) komt er een groot gevoel van rust over me heen. 'Het is goed zo.' Dat is een mooi moment, precies op tijd. Gelukkig is de oude oppas van de kinderen mee. Straks zal zij de oudste onder haar hoede nemen als ik aansluitend een oudergesprek ga voeren. Door met haar een beetje over koetjes en kalfjes te kletsen, demp ik mijn nieuwsgierigheid naar wat er daar achter die gesloten deur gebeurt en vergeet ik mijn angst voor wat er allemaal te gebeuren staat.

'Toen ik je dochter zojuist begroette in de wachtkamer deed ze nogal, hoe zal ik het zeggen, nurks. Is dat een normale situatie?' Het is de eerste vraag die mij gesteld wordt. Ik schiet onbedaarlijk in de lach en beaam dat het mijn kind ten voeten uit is. Ik beantwoord de vele vragen over hoe het leventje van mijn oudste tot nu toe verlopen is naar eer en geweten. 'Hoe verliep de bevalling, wanneer ging ze kruipen, wanneer ging ze lopen, hoe leerde ze praten, heeft ze vriendjes, hoe gaat het op school, wat is jullie gezinssituatie, hoe goed is de ouderrelatie, op wie lijkt uw kind het meest...' Ik doe erg mijn best om het gevoel dat mij een ouderexamen wordt afgenomen in de ijskast te stoppen. Ik heb mij voorgenomen zoveel mogelijk neutraal te antwoorden en situaties niet in te kleuren. Ik wil namelijk weten wat de deskundige ervan denkt en ik wil absoluut vermijden dat mijn beleving centraal komt te staan. Soms voelt dat vreemd, zeker als de psychiater niet in een volgens mij belangrijke richting doorvraagt.

En dan opeens sta ik weer buiten, met een hand en een knik en een vriendelijk 'tot volgende week'. Het duizelt me en ik merk nu pas hoezeer ik mij ingespannen heb. Ik breng mijn meisje terug naar school, waar ze enthousiast op een moeder toestapt om uit de doeken te doen waar ze zojuist geweest is en wat ze allemaal voor spelletjes gedaan heeft bij de praat- en speelmevrouw. Ook zij is er vol van. Thuis zit ik nog lang met een kop koffie in de hand uit het raam te staren. Eerst maar eens wat neerdwarreltijd nemen.

NEERDWARRELTIJD

Van neerdwarrelen komt niet veel terecht, mijn hoofd zit te vol. Heb ik wel de juiste dingen gezegd, ben ik niks vergeten, heb ik ook wel positieve verhalen verteld, wat moet ik de volgende keer vooral benadrukken? Maak ik alles niet te groot, is de problematiek van mijn dochter wel op zijn plaats bij de psychiater, wat doen die onderzoeken met mijn kind, had ik niet eerst zonder haar moeten gaan praten? Tientallen vragen tollen door mijn hoofd.

In de dagen erna wordt het er niet beter op. Ik probeer alles met alles te verbinden en ben steeds op zoek naar aanwijzingen. De puzzel slokt al mijn aandacht en energie op. En de trein dendert voort. We bezoeken de masseermevrouw, die allerlei vragen stelt over het fysieke, behoedzaam het lijf van mijn dochter onderzoekt op warme en koude plekken en voorzichtig aftast hoe ze zich laat aanraken. Aansluitend gaan we op bezoek bij de schildermevrouw, die helemaal niet praat maar gewoon aan de slag gaat met tekenen en kleien en die, wanneer ze mijn dochter terugbrengt naar de wachtkamer, doodleuk zegt: 'Bedankt, ik geef mijn bevindingen door aan de psychiater, u hoort het nog wel.'

Het lijkt wel alsof het al beter gaat met het onderwerp van studie. Is dat verbeelding, is dat het placebo-effect of is het waar dat, wanneer je een eerste stap zet in een dergelijk proces, er onbewust meteen van alles aan het schuiven gaat? Wat als de psychiater nou zegt dat er niets aan de hand is? Dat zou natuurlijk wel fijn zijn, maar waarom lopen we dan tegen zoveel problemen op? Wat als de psychiater zegt dat er inderdaad iets aan de hand is? Dan hebben we ons dus niet aangesteld, maar het zou toch ook wel vreselijk zijn als er serieus iets mis is? En wat bedoelde de dokter nou eigenlijk met 'Krijgt ze wel genoeg uitdaging?' En hoezo, viel het woord 'autisme'? Mijn kind is toch niet autistisch, ze kijkt me toch gewoon aan?

Hallooo!! Kan het even stil worden in mijn hoofd? Mag ik even rust? Nee, dat gaat nu niet. Ik heb de eerste stappen gezet en ook al voel ik me ontzettend onzeker over de uitkomst, ik moet nu even de tanden op elkaar zetten en doorbijten. Op naar het tweede gesprek, waarbij wij-zelf en de gezinnen waarin we grootgebracht zijn centraal zullen staan. Hoe ver gaat dat eigenlijk, wat moet ik dan allemaal vertellen? Ho, stop, ho. Geef je over, laat het maar over je heen komen, je hoeft nog niet alles te weten, het is een onderzoekstraject. Ik geloof dat ik meer een doener dan een wetenschapper ben, dit soort processen valt me zwaar. Of zou het zijn omdat ik graag zelf de touwtjes in handen houd?

NAAR DE TANDARTS II

Daar zitten we weer bij de tandarts, te wachten op onze beurt. Als een boeddha mediteer ik mijn mantra: ik ben hier voor haar, ik doe wat goed voor haar is, ze is boos maar dat raakt me niet. De deur van de spreekkamer gaat open en er huppelt een kind naar buiten. Het is zover. Onder mijn hand verstrakt het lijfje tot beton. De kindertandarts komt naar buiten en gaat rustig naast mijn dochter op de bank zitten. Ze kent mijn meisje inmiddels en draait de gebruikelijke begroetingsprocedure gewoon om. Geduldig maakt ze contact en zegt dat we naar binnen moeten gaan. Eenmaal over de drempel slaan de bibbers pas echt toe en vlucht ze naar de hoek die het verst verwijderd is van de behandelstoel. We praten haar de stoel in en mama mag ernaast gaan zitten. We zijn inmiddels tien minuten verder. Stijf rechtop in de tandartsstoel schreit ze bittere tranen.

De tandarts is een kanjer, ze legt precies uit wat ze gaat doen en doet dat stap voor stap. Ze is invoelend en streng tegelijk en maant het meisje tot kalmte wanneer ze merkt dat het gejammer overgaat van angst in melodramatisch theater. Met een hoofdknik wijst ze me op de voeten, die nu niet meer strak gespannen zijn maar in een meer neutrale stand op de stoel rusten. Daar gaan we dan. Het is toch ook wel pech dat juist zo'n angsthaas slechte tanden treft. Want ze krijgt geen snoep en we poetsen dagelijks en ze heeft minder dan zeven eetmomenten op een dag en toch heeft ze vier gaatjes in haar gebit. Ik hoop maar dat de 'grote tanden' straks van betere kwaliteit zijn.

Met het zweet op de rug, bij mij net zo goed als bij mijn dochter, staan we op. De eerste paar keer voelde ik me ontzettend schuldig toen ze het hele gebouw bijeen krijste – zelfs de receptioniste kwam poolshoogte nemen. Dat schuldgevoel is weg, maar na afloop kun je me wel opvegen. Klaar voor deze ronde, maar volgende week is er alweer een vervolgafspraak. En ja hoor, honderduit kwettert ze: 'Ik krijg toch ook nog iets uit de doos?' Ze grabbelt tussen de tattoos en kitschringen naar een K3-sleutelhanger. We zijn een halfuur binnen geweest voor het vullen van één gaatje. Ze stuift door de wachtkamer naar buiten en heeft geen weet van de verbaasde blikken van ouders en de bedremmelde kinderen die haar nakijken. Die hadden op zijn minst een hoofd vol verband verwacht, schat ik zo in...

ADHD

Samen met de jongste zit ik na schooltijd een boterhammetje te eten. We kletsen genoeglijk over ditjes en datjes, geen wolkje aan de lucht. 'Waar is grote zus eigenlijk?' 'Die is eerst dansen en gaat dan naar een vriendinnetje.' 'O, gelukkig.' 'Hoezo, wat heb je voor plannen?' 'Nou niks, maar ik wou dat mijn zus hier niet meer woonde. Blijft zij nou altijd mijn zus? Blijft ze altijd zo stom?' Oef, dit valt me rauw op het dak, zo helemaal uit het niets. In een flits van een seconde probeer ik uit te zoeken of dit een gewoon geval van zussenhaat is, of dat er meer aan de hand is.

'Hebben jullie ruzie gemaakt?' 'Nee, maar ze doet gewoon altijd zo stom. Zij wil altijd alles bepalen en ze doet altijd zo boos. Ik wou gewoon dat ze hier niet meer woonde.' Ik haal – onhoorbaar, onzichtbaar – heel diep adem. Ik wil dit helemaal niet horen. Ik doe zo verschrikkelijk mijn best om de jongste in de luwte te houden, maar ze ontkomt er natuurlijk niet aan dat ze een aparte zus heeft. 'Tja, je hebt wel gelijk dat ze vaak boos is. Dat is wel jammer. Ze is een beetje anders, dat is soms lastig voor jou, maar ook jammer voor haar.' 'Ja en daarom wou ik dat ze hier niet meer woonde', komt het uit haar tenen. 'Lieverd, ik snap het wel, maar toch vind ik het niet leuk dat je dat zegt. We horen bij elkaar en dus mag iedereen hier zijn. En alle zusjes vinden elkaar wel eens niet leuk, dat hoort er ook bij.' 'Maar mam,' zegt ze dan, 'heeft ze dan misschien ADHD? Net als in dat liedje van Kinderen voor Kinderen?' Ik schiet in de lach en tegelijkertijd realiseer ik me dat dit meisje van amper vier jaar heel goed begint te snappen dat haar zus een bijzondere gebruiksaanwijzing heeft.

Einde van de middag. Beide meisjes zijn weer thuis en alles is koek en ei. Dan plotseling, als een donderslag bij heldere hemel, slaat het humeur van de oudste om. Ze is boos, mept om zich heen, snauwt en grauwt dat het een aard heeft. Ik trek haar op schoot en houd haar stevig vast, dat wil soms helpen om haar wat meer bij zichzelf te krijgen.

En ja hoor. Snikkend roept ze uit: 'Ik ben eigenlijk zo –' Abrupt kapt ze zichzelf af en ze fluistert: 'Ik durf het gewoon niet te zeggen, ik kan het niet zeggen.' 'Toe maar, je mag altijd alles tegen me zeggen.' 'Ik ben zo...' en ze hapt naar adem, '...zo jaloers op kleine zus!' 'Huh? Waarom?' 'Nou, zij kan gewoon naar de tandarts want ze is nooit bang en ze durft in het donker naar boven en ze is niet bang voor honden en andere dieren. En zij heeft veel betere vriendinnen en iedereen wil altijd wel met haar spelen en mij pesten ze en niemand vindt me aardig in de klas. En ik doe altijd zo boos en dat vind ik niet leuk.' Het verdriet schokgolft door haar lijfje. Haar dikke, warme tranen druppen op mijn hand. Ik ben er stil van, ik houd haar vast, ik luister en zoek koortsachtig naar de goede invalshoek voor een reactie. En dan zegt ze: 'Wat denk je, mam, zou ik ADHD hebben?'

PLAATJE

Gek word ik ervan! Al die dagelijks terugkerende, voor de hand liggen-de doe-dingen die ik eindeloos moet herhalen. De bedoeling is toch dat ze dat op een dag onthouden? Dat het inslijt en een gewoonte wordt? Dat lijkt me uiteindelijk toch het idee van opvoeden: routines bijbren-gen. Zelf voorleven en dat je goede voorbeeld dan wordt gevolgd. Of het nu gaat over ontbijten, haren kammen, jas en schoenen aan, tas mee naar school, poort van de tuin dichtdoen of wat je op de wc hoort te doen en te laten en wat de volgorde is bij het naar bed gaan. Elke dag moet ik duizend keer dezelfde kleine stapjes herhalen en het beklijft niet. Wat doe ik verkeerd?

Dan blijkt bij het intelligentieonderzoek dat dochterlief sterk visu-eel is ingesteld. En ook dat ze bij mondelinge instructies beduidend onder haar niveau scoort. Een plus een is twee, weer een puzzelstukje gevonden. Ik was op diverse plaatsen al het idee van pictogrammen tegengekomen, maar zo'n dagplanning vol plaatjes leek me in eerste instantie toch vooral handig voor groepsleiders in tehuizen. En ik had bovendien helemaal geen zin in een huis vol geplastificeerde A4'tjes dat de hele dag extra herinnert aan de beperkingen van één kind, we leven hier met zijn allen. En wat zeg je dan tegen bezoek dat vragen stelt over die rare briefjes die overal hangen?

Maar op een dag was ik het 's avonds, moe van de dag, spuugzat om voor de duizendste keer de avondriedel af te steken. Ik volgde mijn intuïtie en pakte een klein vierkant notitieblaadje waarop ik een paar heel simpele tekeningen maakte (ik ben niet zo'n talent). Binnen tien seconden stond het meisje aan mijn zijde. 'Wat doe jij?' 'Ik maak een briefje waarop je kunt zien wat je allemaal moet doen voordat je naar bed gaat, dan hoef ik het niet steeds te zeggen en kun je het zelf.' En tot mijn grote verbazing begon ze helemaal te stralen. Te *stralen*! Het werkt als een speer. En die kleine vierkantjes vallen niet zo op, stiekem verschijnen er steeds meer. Zoals vandaag, toen er voor de zoveelste keer werd aangebeld, terwijl-ik-toch-duidelijk-had-gezegd-dat-ze-het-touwtje-door-de-deur-moest-doen-en-anders-achterom-moest-komen-lopen. Briefje gemaakt, op de voordeur geplakt, en voor het eerst in de drie jaar dat we hier wonen heb ik er de hele dag geen omkijken naar gehad. Lang leve de plaatjes!

ADEMRUIMTE

En dan opeens gaat het dagenlang goed. Meestal heb ik dat niet meteen in de gaten, dringt het pas na een poosje tot me door dat het leven zo onverwacht soepeltjes loopt. Ik merk niet meteen dat ik langzaamaan ontspan en niet steeds op mijn hoede ben alsof ik achter elke boom de vijand kan verwachten. Op een dag is het zomaar gezellig in huis en terwijl ik opkijk om te spotten waar de donkere wolk hangt, kom ik tot de ontdekking dat de lucht stralend blauw is.

Het gaat goed met mijn meisje, heel goed. Misschien is er gewoon niet zoveel met haar aan de hand, wil ik dan graag geloven. Misschien moest ze gewoon wat groter groeien, waren we te ongeduldig, had ze een moeizame start. Wat heerlijk, wat een verademing. Dat is wel een goed woord, verademing, het voelt alsof er ergens een luikje wordt opengedaan dat maakt dat er veel meer ruimte in mijn lijf ontstaat. Ademruimte waardoor – ik kan het niet anders omschrijven – het gevoel weer gaat stromen, hoe zweverig dat ook klinkt. Ik luister niet naar de gedachte 'kon het maar altijd zo blijven' en geniet intens van het moment, van het nu, van zolang het duurt. Mijn lieve kind, het gaat haar goed, wat is het haar gegund.

'Mam, zullen we vandaag lekker thuisblijven? Echt nergens naartoe, is dat goed?'

'Ja hoor, meis, dat doen we, heb je zin in een poezendag?' Een poezen-dag, zo noemde mijn zusje dat vroeger altijd als ze zin had om de hele dag niks te doen en in haar pyjama te blijven rondlopen. 'Nee hoor, ik vind het gewoon fijn om thuis te zijn.' Ik probeer de beeldspraak nog uit te leggen, maar het komt niet echt aan. Het is zaterdag, dus eerst gaan de meisjes maar eens in bad. 'Zullen we samen in bad?' probeert ze bij zuslief en die heeft daar wel oren naar. Dik anderhalf uur klinkt er van boven gegiechel, gespetter, gegil en als ik een kijkje ga nemen omdat het wel heel erg stil is geworden, zijn ze braaf hun haren aan het wassen. De wonderen zijn de wereld nog niet uit.

We maken een lekker rommeldagje in en om het huis. Ik vouw een berg was weg, lees de krant, poets het aanrecht, pluk het onkruid in de tuin en lap zelfs de ramen buiten. 'Mam!' Een ijselijke kreet verstoort de idylle. 'Wat is er, lieve schat?' Altijd rustig blijven tot bewezen is dat er echt iets aan de hand is. 'Mam!' zegt ze nogmaals op onheilspellend verontwaardigde toon. 'Het is allang halfvier geweest. We mogen iets drinken en wat lekkers!' Potjandikkemedosie, het is inderdaad al tien voor vier. Wat een onrecht, wat een toestand. Hoogste tijd voor de thee!

DIAGNOSE I

De psychiater kijkt me bevreemd aan als ik alleen binnenstap. 'Is uw man niet meegekomen?' Ook bij het tweede gesprek met de psychiater kan mijn geliefde er niet bij zijn. Hij is drie dagen daarvoor uit Amerika teruggekomen en ligt met een keelontsteking in bed. Ik voel me aangevallen, al bedoelt ze dat waarschijnlijk niet zo en is het mijn eigen onzekerheid. Ja, ik heb misschien wel een beetje een niet al te aangepaste man, in ieder geval geen doorsneeman. Maar hij is wel heel betrokken bij de kinderen en hij is niet gek en hij is ook niet de oorzaak van de moeilijkheden die we met de oudste ondervinden. Of nou ja, misschien zit het wel een *beetje* in de familie?

Gisteravond, toen duidelijk werd dat mijn lief echt niet mee zou kunnen gaan, namen we zijn familiegeschiedenis door. Ik wist ook niet wat de psychiater allemaal zou gaan vragen, dus vroeg ik hem maar de oren van het hoofd. Dat werd een mooi en ook verdrietig gesprek. Er beginnen zich gelijkenissen op te dringen waar we ons eerst niet bewust van waren. We zijn dit traject ingegaan omdat we willen weten of meisjelief wellicht last heeft van winterdepressies, zoals haar vader. Langzaamaan bekruipt ons het gevoel dat er misschien nog meer aan de hand zou kunnen zijn.

De psychiater vraagt doelgericht de familiegeschiedenis uit. Ze is kort over mijn familie en blijft langer hangen bij de vader, opa en oom van mijn dochter. Ik voel weerstand, maar weet dat het zinloos is. Ik weet hoe moeilijk mijn geliefde het zou vinden om zijn dochter eventueel erfelijk belast te hebben, maar ze heeft toch ook de helft van mij? Ze is een mix van ons beiden, ze is een nieuw mens met nieuwe kansen, nieuwe mogelijkheden en andere ouders. Ik ben minder op mijn hoede dan de eerste keer. Al blijf ik mijn best doen het verhaal zo min mogelijk in te kleuren, toch vertel ik meer over hoe en wat ik zie en wat ik denk. Deze vrouw kan toch ook niet alles in een keer overzien? Ik bedoel, ik ken mijn meisje zesenhalf jaar, waarom zou ik haar het wiel opnieuw laten uitvinden? Als ik weer buitensta, ben ik leeg. Ik ben moe van al het denken en touwtjes aan elkaar proberen te knopen.

'Hebt u zelf een idee van wat er aan de hand kan zijn?' vraagt de psychiater ons een week later, als we samen verschijnen op het adviesgesprek. Deze vraag overvalt me, ik bedoel, ik hoopte dat de deskundigen daar nu juist een antwoord op zouden geven. 'Nou nee, eigenlijk niet. Behalve dan dat we denken dat er een seizoensinvloed waarneembaar is.' 'Maar u hebt misschien op internet gekeken en gedacht: "Dat zou het kunnen zijn"?' 'Ik heb wel eens gezocht, vooral toen ze een jaar of drie was. Ik kwam meestal uit op informatiepagina's over hoogbegaafdheid. Maar eerlijk gezegd herken ik daar wel delen, maar zeker niet alles van. En verder weet ik het eigenlijk niet.'

Ik ga me bijna een dom onnozel mens voelen, maar zo is het echt. 'Ik hou ook niet zo van problematiseren', begin ik me te verdedigen. 'En in het gewone dagelijkse leven – buiten de winters om – gaat het eigenlijk steeds beter, dat is erg fijn. Er zijn steeds vaker tijden dat ik denk dat het allemaal wel meevalt. Aan de andere kant zou ik dan weer verbaasd zijn omdat het ons wel echt zwaar valt om haar groot te brengen. Maar misschien zijn we gewoon niet zo geschikt voor het ouderschap, denk ik soms. Ik hoop inmiddels net zo hard dat er *wel* als dat er *niet* iets aan de hand is.' Ik moet er bijna van huilen. Met zachte stem vervolgt de psychiater: 'Maar er is wel degelijk meer aan de hand, hè.'

Wat zegt ze? Wat bedoelt ze daarmee? Met donderend geraas komt de stilte op me af. De ernst waarmee ze over ons kind begint te praten doet grotesk aan. 'Autistiform gedrag' – 'cholerisch gestuwd' – 'u wilde geen diagnose, maar ik denk toch in de richting van autisme' – 'ouderbegeleiding' – 'grenzeloosheid' – 'basale angst' – 'afstemmingsproblemen'. In brokstukken komt de tekst bij me aan. 'Er is *echt* iets met mijn kind, er is *echt* iets met mijn kind, er is *echt* iets met mijn kind', dreunt het in mijn hoofd. In een roes geef ik antwoord, knik ik op de juiste momenten en probeer ik zoveel mogelijk informatie te verwerken, of beter, op te slaan om op een later moment rustig tot me door te laten dringen.

 Als we buiten staan, schijnt de zon. Het is een van die eerste mooie voorjaarsdagen waarop de vogels hun best doen elkaar te overtreffen in gekwinkeleer. Verdwaasd, als in een glazen corridor, loop ik naar de auto, daar is het veilig. Mijn stem is weg, mijn hoofd is vol. Vandaag dacht ik het antwoord te krijgen, maar ik ga naar huis met meer vragen dan ik me kon voorstellen.

GOOGLEN

'Laat u het eerst eens rustig bezinken', zei de psychiater, 'en lees links en rechts wat informatie. Dan kunt u kijken of u zich in mijn verhaal kunt vinden.' Thuis google ik eerst 'autisme' en ik beland op de websites van belangenverenigingen. Ik voel me er niet thuis, ik zoek en zoek en vind er niets van mijn gading. De andere googleresultaten geven wel definities, maar het is niet wat ik zoek, al weet ik ook niet wat ik zoek. Wat zei de psychiater nog meer, iets met 'autistiform'? Maar dat blijkt een dermate grote vergaarbak dat ik er ook niet wijzer van word.

Wat als ik 'asperger' intik? Wikipedia geeft me houvast met een helder verhaal, dit voelt als een ingang. Dan ontdek ik Autsider en er gaat een wereld voor me open! Als een spons zuig ik de informatie op die op deze website in een soort documentatiecentrum is ondergebracht. En wanneer ik het forum ontdek, biggelen de tranen me over de wangen. Dit is het dus. Dit roept zo ontzettend veel herkenning op. Beetje bij beetje ontdek ik hoe wij intuïtief het leven van onze dochter al volgens de richtlijnen indelen. Hoezeer we ons hebben aangepast. En dat doet pijn, het schuurt en het schrijnt en mijn getormenteerde hart gaat als een gedraaid laken door een stroeve wringer.

Tegelijkertijd – en dat is verwarrend – ontstaat er ruimte in het lijf, valt er een last van mijn schouders. Want ik hoef dus niet alsmaar te proberen of we die structuur kunnen loslaten, het is juist goed voor mijn kind. En de meeste aspergers zijn gezegend met een gezond verstand waardoor ze in staat zijn om veel dingen die ze niet aanvoelen van 'buitenaf' te leren. 'Dat is toch een soort luxeautisme dan? Of, nou ja, zo mag je dat natuurlijk niet zeggen, want het is wel een pittige aandoening', glibber ik weer weg. 'Maar de perspectieven zijn best goed!' roept mijn optimistische ik. En ik hoef dus niet meer te twijfelen of ik wel geschikt ben voor het ouder-schap, want we blijken het niet slecht te doen. Na uren surfen langs heel veel pagina's met goede bedoelingen en meer en minder nuttige informa-tie rol ik murw mijn bedje in. Het wordt een onrustige nacht.

JUF

Voor het schooljaar begint en onze kleuters doorstromen naar de 'grote school', hebben we een kennismakingsavond. Juf vraagt de ouders hun kind kort te beschrijven. Ik vergelijk mijn dochter met een dieprode roos. Ze is krachtig en aanwezig, maar vergis je niet, ze heeft pijnlijk scherpe stekels. Ze gedijt bij grenzen en net als een roos moet je haar goed snoeien wil ze tot bloei komen. En als ze dan bloeit, dan straalt ze en verwarmt ze je en zul je haar niet snel vergeten.

Op de eerste dag mogen de kinderen zelf een plaatsje uitzoeken. Dochterlief gaat pontificaal middenvoor zitten. Ze verheugt zich enorm op haar nieuwe status als 'schoolkind' en heeft geen heimwee naar de kleuterjuf. Kom maar op met dat lezen en rekenen! Ik ben zo blij dat ze deze overgang zo goed opneemt. Met dank aan de Vrije School, waar veel aandacht is voor de overgang naar de eerste klas. Maandenlang is er tijd gestoken in het voorbereiden van de oudste kleuters. De juf lijkt me super, een prettig *down-to-earth* mens met veel ervaring. Ze voelt erg verwant.

Een paar dagen later spreek ik met de juf. Behoedzaam vertelt ze dat ze verschillende kinderen een andere plaats heeft gegeven, ook onze dochter. Ze heeft haar diagonaal ten opzichte van haar bureau gezet, zo ver mogelijk van haar verwijderd. Ik barst in lachen uit. 'Claimde ze je te erg?' Opgelucht haalt ze adem. 'Ik kreeg gewoon geen lucht meer. Het is een lieverd hoor, maar ze *blijft* maar aandacht vragen en daarom heb ik haar nu helemaal aan het andere eind van de klas gezet. Ik hoop dat het helpt en in ieder geval geeft het mij wat meer ruimte.' Geruststellend zeg ik haar dat wij haar helemaal begrijpen en niet boos zijn. 'Sterkte bij het zoeken naar een weg om met haar om te gaan. En laten we vooral contact houden!'

Een maand later komt mijn meisje opgewonden en blij thuis. 'Juf heeft een bordje gemaakt. Het is een soort pannenkoek op een stokje

met aan de ene kant rood en aan de andere kant groen. Ik ben zo blij!'
'Huh? En wat doet ze daar dan mee?' 'Het staat op haar bureau. Als
we zelf moeten werken en het staat op rood, dan mag je niet bij haar
komen en als het op groen staat, mag je wel komen als je hulp nodig
hebt. Handig, hè?' Ik heb haar zelden zo stralend gezien. Juf is op de
goede weg...

TREIN

'Trouwens, word ik eigenlijk opgehaald?' Alle alarmseinen op rood, we hebben al een paar wiebelige dagen achter de rug en deze vraag leidt onvermijdelijk tot zo'n *loopje* waar we niet uit gaan komen. Toch maar weer neutraal proberen te pareren: 'Wat bedoel je, lieverd?' 'Nou, als ik morgen bij oma ga logeren, dan breng jij me weg, heb je gezegd. Maar word ik ook weer opgehaald?' 'Ik breng je weg en oma brengt je terug', doe ik stoïcijns. 'Maar ik ga niet met de trein! Dat wil ik niet!' Wij weten allebei dat er geen ander vervoermiddel mogelijk is, want oma heeft geen auto en woont te ver weg om te fietsen of met de bus te gaan. 'Ik weet dat je het spannend vindt, maar oma en jij kunnen dat samen heel goed.' Daar gaat het natuurlijk niet over. Mijn dochter associeert reizen met de trein met een algeheel gevoel van onbehagen waar ze niet mee geconfronteerd wil worden.

'De vorige keer ging het helemaal niet goed. Toen had de trein vertraging en moesten we naar een ander perron en toen gingen we in de trein en toen ging die trein naar een heel andere stad en toen moesten we er weer uit en toen had oma haar mobieltje in de trein laten liggen en moesten we heel hard terugrennen. En oma was heel boos geworden op die conducteurs!' Als ze dat waargebeurde relaas zo oplepelt, geef ik haar bijna gelijk. De bus, dat gaat nog net, dan is er een chauffeur met wie je contact maakt en die je tot de orde kunt roepen. Maar de tram, de trein en de metro rijden in haar beleving maar lukraak ergens heen en het is de vraag of ze wel zullen stoppen. En als ze stoppen, is het niet zeker of de deuren lang genoeg open zullen blijven, zodat iedereen die dat wil kan in- of uitstappen. En ze roepen vertragingen om, perronwijzigingen, waarschuwende mededelingen over zakkenrollers en dat je bij het verlaten van de trein je bagage niet moet vergeten. Eigenlijk is het een wonder dat niet meer mensen daar van slag van raken. Anderzijds was die vorige treinreis vrij uitzonderlijk.

'Dat was inderdaad niet fijn dat het zo rommelig ging. Toch is het uiteindelijk allemaal goed gekomen. En wat had je kunnen doen als je in die trein was gebleven en je kwam in een andere stad uit?' 'Ja, dat weet *ik* niet!' bijt ze me boos toe. 'Maar stel nou dat zoiets gebeurt. Wat zou je kunnen doen?' 'Uitstappen?' 'Ja, goed zo! De eerstvolgende keer dat hij stopt, stap je dan uit. En wat kun je dan doen?' 'Dat weet ik niet, want dan zijn we helemaal verkeerd.' 'Je kunt bijvoorbeeld meteen de volgende trein terug nemen en dan de goede trein naar huis.' 'Maar hoe weet ik dat nou, want het stond verkeerd op het bord, dus dan kan het toch weer verkeerd op het bord staan?' 'Dan kun je het vragen aan de mensen. En anders doe je gewoon weer hetzelfde. Eerstvolgende station eruit en weer terug. Uiteindelijk kom je altijd thuis en het geeft niet als het langer duurt.' Ze pikt het niet langer: 'Luister! Je kunt uit twee dingen kiezen.' (Zo doe ik dat inderdaad ook altijd.) 'Of je komt me halen, of ik ga niet logeren!' Zo, dat is een statement. Maar ik trap er niet in. 'Lieve meid, oma brengt je terug met de trein en ik zal samen met jou bedenken hoe ze jou het beste kan helpen. Beloofd.' We zijn er nog niet, het is nog geen morgen, maar ik sta alvast schrap.

'Oma!' Juichend rent ze de volgende dag de parkeerplaats over en springt in de armen van oma. Dat doet me goed. Het is namelijk ooit wel anders geweest. Tot ze een jaar of vierenhalf was, kwam het contact telkens weer moeizaam tot stand en een zoen of knuffel was al helemaal niet aan de orde. Heerlijk om haar nu zo vrij te zien. 'Oma, we gaan naar de film, hè?! Dat vind ik toch zo leuk, ik ben zo blij. Ik had het al op de reclame gezien en ik wilde zo graag, maar ik dacht dat mag toch niet en nu ga ik met jou, dus dan mag het toch.' Oma kijkt verstoord op en fronst naar mij. Ik weet het, oma huldigt het principe dat je kinderen nooit vooraf inlicht over uitjes die op stapel staan. Als het dan anders loopt, zit je met de gebakken peren, zegt zij. Daar zit natuurlijk wat in, want mijn meisje hecht sterk aan 'beloofd is beloofd'. Maar deze keer wijk ik bewust af van de uitgezette lijn, ze is zo wiebelig en zo onzeker dat ze het hele logeren maar het liefst had afgeblazen. En dus heb ik haar verteld dat ze naar de film gaan, als schopje over de drempel.

We lopen naar oma's huis. 'Ik ga even mee omdat ze dat fijn vindt en ik beloofd heb dat we samen even een paar dingen zullen doorpraten', zeg ik flink. Want oma heeft dat liever niet, die vindt het belangrijk om vanaf het begin van de logeerpartij één kapitein op het schip te hebben. 'Ja natuurlijk, dat doen we', zegt ze, maar ik voel haar afkeuring. We bespreken het programma, praten over de terugreis met de trein en ik probeer vooral mijn o zo onhandige, onzekere, onwillige dochter – die niet van schoot te slaan is – in te stralen met moed en vertrouwen. 'Toe maar, meisje,' fluistert mijn hart, 'het gaat wel goed.'

Van binnen werk ik hard om te voorkomen dat ik verscheurd word door twijfel. In alles voel ik hoezeer oma mij – ons – niet serieus neemt. Neem mijn autoriteit verdomme nou eens aan. Ik *ben* geen moeder die haar kind betuttelt, ik weet gewoon dat ze dit nu even nodig heeft, werk dan gewoon mee en laat me niet zo worstelen tegen de stroom in. En ik word niet boos, ik Zen mij rustig. Want ik wil er zijn. Voor haar voor wie het leven niet vanzelf gaat.

HOMMELES

'Dat is niet eerlijk! Zij moet niet naar school en ik wel!' Het is nog maar halfacht en het is al hommeles. Ik ben de hele nacht in touw geweest om voor een ziek kind te zorgen en nu kan ik met mijn slaperige hoofd de strijd aanbinden met de oudste. 'Meisjelief, ze is ziek. Daarom gaat ze niet naar school.' En prompt begint mijn jongste de longen uit haar zieke lijfje te huilen. 'Ik wil *wel* naar school, ik kan dat best en ik wil ook naar het verjaarspartijtje!' 'Als je ziek bent, gaat dat niet. Wij maken er thuis wel een lekker dagje van.' 'Dat is NIET eerlijk, dat vind ik NIET leuk, ik wil ook NIET naar school!' gaat de sirene van de oudste weer af. 'Luister, dit is NIET leuk, dit vind IK NIET goed. Je zus is ziek dus we moeten goed voor haar zorgen en lief voor haar zijn. Ze heeft koorts, is benauwd en toen ze vannacht had overgegeven...' 'O, heeft ze overgegeven? Echt waar? Dat wist ik niet!' onderbreekt de oudste me verontwaardigd, alsof ik haar dat vannacht had moeten komen rapporteren. Want overgeven is in haar beleving zo'n beetje het ergste wat je kan overkomen als je ziek bent. De totale overgave die ermee gepaard gaat, is absoluut niet aan haar besteed. En je wordt er nog vies van ook. De ziekte is gerechtvaardigd, de rust keert weer.

Zusjes zijn het, echte zusjes, al is dat niet altijd meteen duidelijk. Ze schelen 22 maanden. De oudste is met haar donkere haar, bruine ogen, snel bruinende huid en nurkse uitstraling in alles een tegenpool van de jongste. Want die is blond met blauwe ogen, witjes, lichtvoetig en ze straalt je tegemoet. (Menigeen heeft getwijfeld of de vader wel de verwekker van beide is, maar daar durf ik vergif op in te nemen.) Samen kunnen ze de wereld aan, al zijn er wel eens wolken aan de lucht.

Het is kwart voor acht. 'Kom, meisjes, ontbijten.' Het kleinste meisje heeft nergens zin in, dus zet ik voor haar een dvd aan. 'Dat is niet eerlijk! Zij mag televisiekijken en ik niet. Dan wil ik hier ontbijten.' Ik zucht eens diep, *pick your battles* is een van mijn geliefde strategieën. Prioriteiten stellen dus. Ik ben moe, want ik heb nauwelijks geslapen, en besluit eieren voor mijn geld te kiezen. En nee, dat is niet toegeven aan dat kind dat zichzelf het middelpunt van het universum waant, dan zijn we nog verder van huis. Ik pak het koortsige lijfje op van de bank en fluister in haar oor: 'Kom maar even lekker bij mij op schoot, dan mag je straks verder kijken.' Ze kijkt me aan en door de waterige oogjes heen schenkt ze me een begripvolle blik. Vijf jaar is ze en ze begrijpt al zoveel meer dan ooit is uitgesproken. Het gaat me aan mijn hart, dit druist in tegen alle redelijkheid en toch besluiten wij tweeën woordeloos dat het zo maar moet.

Als het tijd is om naar school te gaan, installeer ik mijn jongste voor de tv en ik stop haar nog eens extra in. Ondertussen staat mijn zevenjarige blaag te trappelen van ongeduld. Want ze heeft bedacht dat *zij* nu eindelijk eens bij mij achter op de fiets kan. Ik zucht nogmaals diep, breng in goede harmonie de oudste weg en rijd dan snel terug. Vandaag ga ik dat zieke zonnetje eens overdadig verwennen. Omdat ze ziek is, maar vooral omdat ze er ook niks aan kan doen dat ze zo'n dwingende zus heeft. En omdat ze zo lief is natuurlijk.

REPRISE

'Zullen we een voorstelling maken?' zegt ze tegen haar vriendinnetje. En in één adem erachteraan: 'Mam, mogen we een voorstelling maken en ga jij dan kijken?' Voorstellingen maken is namelijk leuk, maar bekeken worden nog veel leuker. 'Dat is goed, lieverd, maar ik kom alleen kijken als je ook echt geoefend hebt.' 'Jaha, dat gaan we ook doe-hoen!' klinkt het bozig. Ik ken mijn pappenheimer echter langer dan vandaag en heb net iets te vaak naar eindeloze improvisaties zitten kijken. Voortaan stel ik dus de oefeneis voordat ik kom kijken. Hopla, daar vliegen ze naar boven, waarschijnlijk om een dansje in elkaar te zetten. Na een halfuur zijn ze nog steeds niet beneden, vreemd... Als ik boven kom om de was op te gaan ruimen, wordt met een ijselijke kreet haastig de slaapkamerdeur dichtgetrokken. 'Neeee, je mag nog niks zien!' Ik maak me met graagte uit de voeten.

Wat volgt is een middag heen en weer gestommel van boven naar beneden en dan weer naar zolder. Ik heb geen idee wat ze uitspoken, maar het klinkt heerlijk. Tegen de tijd dat het vriendinnetje wordt opgehaald zijn ze zover, de voorstelling kan beginnen. Mijn mond valt open als ik boven kom. Op de overloop is een kassahokje gemaakt (van een droogrek en de poppenkast), er zijn heuse toegangskaartjes getekend (met stoelnummers) en de zolder is omgetoverd tot theaterzaal met een ouvreuse, een cafeetje en een heus toneelbeeld met kostuums, gedimde lichten, muziek en decor. Samen met de andere moeder geniet ik van de creativiteit van de meiden. Wat hebben ze een prachtige middag gemaakt en wat vullen ze elkaar toch goed aan. Ja, deze twee zijn aan elkaar gewaagd, dat is me duidelijk.

Twee dagen later is er een ander vriendinnetje op bezoek. Ze zijn amper binnen als mijn meisje voorstelt om een voorstelling te gaan maken. 'Dat is leuk! En dan maken we ook kaartjes en dan maken we een kassa en dan vragen we onze moeders of ze komen kijken.' En zo gaat het. Een dag later bij het volgende vriendinnetje precies zo, en nog een keer en nog een keer en nog een keer... Telkens weer moet het precies zoals die eerste keer. De andere moeders klappen verrast en prijzen de creativiteit van mijn dochter, terwijl ik me vertwijfeld afvraag wanneer deze dwangmatige herhaling van zetten weer eens doorbroken gaat worden...

DISCO

'Waar blijft ze nou? Ze zou er toch om halfdrie zijn? Dadelijk komen we nog te laat.' 'Het is pas kwart over twee, ze komt vast zo. Ga alvast je schoenen aantrekken, dan rijden we weg zodra Sandra er is.' 'Hoe ver is het rijden, mam, komen we wel op tijd?' 'Ja hoor, dat gaat lukken. Het is tien minuten autorijden, even parkeren en dan wandelen we er zo naartoe.' 'Maar waar ga je parkeren, dan? En hoe lang duurt dat? En hoe ver moeten we lopen?' 'Lieverd het komt goed, dat beloof ik. Ga je schoenen maar aandoen.' Het is *zo* spannend en *zo* leuk en vooral *zo* spannend. De dansschool van mijn oudste heeft deze zondagmiddag een heuse disco georganiseerd en meisjelief heeft bedacht dat ze in haar eentje gaat meedoen aan de *playbackshow*. Het wachten is nu op haar vriendinnetje, dat meegaat als gast.

Het wordt halfdrie. Bij Sandra thuis gaat het er wat losser toe en aangezien mijn dochter het niet meer uithoudt, mag ze haar alvast tegemoet lopen. Tien minuten later komt ze alleen terug, in tranen. 'Ze mag niet mee, want er is verjaardagsbezoek.' Ja hallo, briest het in mijn hoofd, hadden jullie niet even kunnen bellen dan? We hadden toch een afspraak gemaakt? Of was dat misschien niet duidelijk genoeg? Jeetje, ze heeft zich hier zo verschrikkelijk op verheugd... Wat nu? Zal ik boos opbellen? Maar dat heeft waarschijnlijk geen zin. Het vriendinnetje was eergisteren jarig, dus het bezoek komt voor haar. Zou mijn dochter alleen durven gaan? En is dat gezellig genoeg? Kunnen we nog snel een alternatief regelen? Misschien wil het buurmeisje mee?! 'Zullen we vragen of het buurmeisje meegaat?' 'Ja maar dat wil ze vast niet, ze wilde gisteren ook niet met mij spelen.' 'Vandaag is een nieuwe dag, als we het niet vragen, dan weten we het ook niet.' Maar het buurmeisje heeft geen zin, ze zegt dat ze moe is en liever thuisblijft. 'Gaan er nog meer kinderen uit jouw dansgroep? Wie ken je daar allemaal?' 'Ik weet het niet, maar ik weet niet of ik alleen durf, hoor, dat vind ik niet leuk.' Ze begint zachtjes te huilen. Mijn hart breekt. Want ik weet dat ze hier supergraag naartoe wil, maar ik kan niet goed inschatten of ze zich er alleen gaat redden. Verdikkeme, ze is pas zeven, hoe druk is het daar, hoe gaat ze het overzicht bewaren? Mijn hersenen werken op topsnelheid, mijn hart roert zich hevig, ik probeer in hoog tempo tot inzicht te komen. Want tijd heb ik niet, te laat komen is dramatisch voor haar.

'Weet je wat, we rijden langs Anke om te kijken of zij mee kan gaan. Als ze niet thuis is, hebben we pech. Maar misschien is ze er wel en wie weet gaat ze mee. Als dat niet lukt, mag je kiezen. Of we gaan weer naar huis, of ik breng je naar het feest. Dan gaan we samen naar binnen om te kijken hoe het eruitziet en of er nog meer kinderen zijn die je kent en dan blijf ik even tot jij zegt dat het goed is dat ik wegga.' Aarzelend gaat ze akkoord.

Zo snel als verantwoord is, scheur ik naar Ankes huis. 'Ze zijn er niet. Wat moet ik nou doen? Ik weet niet of ik alleen durf. En als er nou niemand komt die ik ken?' 'Dat kan ik me bijna niet voorstellen. Het is ook wel stoer om alleen te gaan, wat word je al groot, zeg, dat zou je vorig jaar nooit hebben gedurfd', praat ik haar moed in. 'Weet je nog dat je bij het zwembad op vakantie ook eerst niemand kende en toen maakte je heel gemakkelijk vriendjes, dat kun je nu ook doen.' 'Ja dûh, dat was heel anders.' We rijden ondertussen naar het dorp verderop waar de disco gehouden wordt.

Als we het straatje van de disco inrijden, herken ik het plotseling. Het blijkt in een heuse discotent te zijn, ik verkeerde nog in de veronderstelling dat het in een of ander feestzaaltje was. Het is alsof ik opeens een andere fase inschuif met mijn kind, het voelt onwennig en opwindend. Een lange rij hippe blonde meiden met dito tuuterdetuut-moeders staat te dringen voor de ingang. 'Stop dan, mama, stop, hier is het!' 'Ik zoek eerst een parkeerplaats en dan lopen we ernaartoe. De deur is toch nog niet open, dus we hebben tijd genoeg.' Hand in hand overbruggen we de vierhonderd meter naar de feestbestemming. Ze maakt zich zorgen over hoe het moet met haar jas en schoenen en waar ze haar dansschoentjes moet laten voor het optreden en aan wie ze de cd moet geven. Om ons heen zie ik groepjes die ook gaan optreden bij de playbackshow. Flink opgedoft zijn ze: glitters op de wangen, ingenieus gevlochten haar en kekke pakjes aan de frêle lijfjes. Ik kijk naar mijn dochter, mijn stoere, wiebelige dochter met warrige paardenstaart in haar rode broek met hoog water (wat groeit ze opeens hard) en vaal shirt. Hm, had ik van tevoren niet kunnen bedenken dat de anderen zich zo zouden uitdossen? Mijn taak is nu rots in de branding te zijn, dus ik ga me daar niet schuldig over voelen. Ik verbaas me over de lengte van de rij terwijl er toch al heel wat kinderen naar binnen zijn gegaan. Hoe druk is het daarbinnen? De moeders worden bij de deur tegengehouden en moeten de jassen mee terug naar huis nemen omdat de garderobe propvol zit. Er begint nu toch woest veel water tegen mijn rots te klotsen. Is dit goed wat we doen? Ik kijk naar mijn meisje. Hoe dichter we bij de deur komen, hoe meer de opgetogenheid het wint van de angst. Laten we het erop wagen, besluit ik. Maar ik ga *wel* mee naar binnen om haar wegwijs te maken en nogmaals te checken of ze zich er goed bij voelt. Geen tien portiers die me dat zullen beletten!

In het veel te kleine halletje – een vette lucht van verschaald bier walmt ons tegemoet – stort ze zich meteen op de grond om haar schoenen uit te doen. Een bezorgde dansjuf roept haar tot de orde. Ze moet haar gewone schoenen aanhouden tot ze gaat optreden. Boven is een kleedkamer waar ze haar dansschoenen kan leggen. Daar gaan we naar op zoek. Het gangetje door (terug in de tijd, déjà vu, ik ben weer zestien) komen we in een stampdrukke disco. Het lawaai is oorverdovend, het licht schaars. Helemaal zoals het hoort... als je zestien bent. Mijn meisje behoort duidelijk tot de jongsten. Is het verantwoord om haar hier achter te laten? Ben ik een ontaarde moeder dat ik dat überhaupt overweeg? Maar dansen is haar lust en haar leven... Ik zie allemaal leuke, lieve, enthousiaste jonge meiden die zich om de kinderen bekommeren, dat stemt gerust. Bovendien is er een programma bedacht voor de middag, dat geeft haar straks houvast. 'Mam! Hier moeten we naar boven! Denk ik. Is dat goed, denk jij?!' 'Kom maar, dan vragen we het even!' Dat is ook fijn, dat ze een apart plekje heeft waar ze haar spulletjes neer kan leggen en waar ze zich eventueel terug kan trekken. Een vriendelijke dansjuf neemt de cd in ontvangst en beantwoordt met veel liefde alle vragen van mijn meisje. Meer en meer ontspant ze. We dalen de trap weer af. Bewust vertraag ik op de trap. Zo hebben we alle tijd om de ruimte te overzien nu onze ogen wennen aan het donker. 'Kijk, daar is het podium voor het optreden. En daar is de dansvloer om lekker te swingen. Dat is de bar, en heb jij de wc al gezien? Zullen we even kijken waar die is?'

We verkennen de ruimte en zoeken een rustig plekje van waaruit ze alles goed kan bekijken. Net als ik me afvraag hoe lang ik ga blijven en hoe ik zal weten of ze het aandurft, trekt ze me aan mijn mouw naar beneden. 'Ga nu maar', en ik krijg een dikke zoen. Verbouwereerd sta ik aan de grond genageld. Ik herpak me. 'Hartstikke goed, fijn voor je dat je toch bent gegaan. Lekker dansen en straks komen we je weer ophalen. Veel plezier!' En zo dapper als ik kan, been ik weg naar buiten. 'Mama, mama!' O nee, zie je nou, ik heb *toch* niet goed gezien of ze het echt meende, schiet er schuldbewust door me heen. 'Mama, je hebt me nog niet verteld hoe ik drinken moet bestellen.' Een grote glimlach breekt door op mijn gezicht en ik moet bijna huilen van trots. Wat heb ik een grote, dappere meid. En wat moet mama voor het eerst echt moeite doen om haar los te laten.

VRAGEN

'Zo, even de deken lekker strak om je heen en dan slapen, morgen weer een nieuwe dag.' 'Mam, doe je nog even de vragen?' 'De vragen?' Ik ben even kwijt wat ze daarmee kan bedoelen. 'Nou, van het leukst en het stomst en zo.' O ja, die vragen! Dat hebben we al een tijdje niet meer gedaan voor het slapengaan. Het ritueel is ontstaan toen ze als driejarige uk nooit een snipper losliet van haar belevenissen op de peuterspeelzaal en het bleek een goede ingang om de dag door te nemen. Ik gebruik het nog regelmatig als ze uit school komt om een gesprek op gang te krijgen.

'Waar moest je om lachen vandaag?' 'Nee-hee, ik bedoel van het leukst en het stomst.' 'Jaja, die komen misschien ook aan de beurt, eerst wat andere vragen.' 'Dat wil ik niet, ik wil alleen het leukst en het stomst.' Blijkbaar moet haar iets van het hart en heeft ze die vragen erbij nodig, wel mooi dat ze dat weet. Ik pas me aan en begin het klassieke rijtje. 'Wat was er vandaag het leukste?' 'Dat we pannenkoeken hebben gegeten want dat wilde ik graag.' 'Wat was er het stomst?' 'Dat we moesten schilderen op school.' 'Met wie heb je buiten gespeeld op school?' 'Met niemand, want ik mocht opeens niet meer meedoen met Sandra en Anke. Omdat zij op paardrijles zitten en ik niet. Dat vind ik zo stom.' Aha, nu snap ik het! Maar ik weet dat ik er nu niet op in mag gaan, dat komt later wel. Eerst de vragen afmaken. 'Ben je vandaag nog ergens van geschrokken?', 'Wat ging goed vandaag?', 'Wat was het gekste dat er gebeurde?' en stiekem eindig ik toch met 'Waar moest je vandaag het hardst om lachen?'

NAAR DE TANDARTS III

Het is weer tijd om naar de tandarts te gaan. Voor het eerst een gewone halfjaarlijkse controle, maar laat dat 'gewone' maar weg. Toen ik de afspraak op de familiekalender zette, was ik me er nog niet voldoende van bewust dat het leesonderwijs in groep 3 mijn meisje alles leert spellen wat van haar gading is. Als we de maand omslaan, snelt ze toe om te kijken wat haar allemaal te doen staat. En plotseling staat daar, ergens halverwege de bladzijde, '14.00 u tandarts' in haar vakje. Paniek! 'Mama, mama, mama, wat staat daar? Wat is dat?' 'Eh, dat zie ik zo gauw niet, dat komt wel, dat is nog zo ver weg', probeer ik me eruit te praten. Hopeloze zaak natuurlijk. 'T-a-n-d-a-r-t-s, is dat voor mij? Moet ik echt naar de tandarts? Wanneer dan, waarom dan, ik wil niet. Ik wil niet naar de tandarts!' barst ze naast mij los. 'Lieverd, ik weet dat je het niet leuk vindt, maar we gaan wel. Alle mensen gaan om het half jaar naar de tandarts, zo blijft hun gebit gezond. Maar het duurt nog heel lang. Weet je wat, we vergeten het en ik vertel het je pas vlak van tevoren.' Tja, dat had ik eerder moeten bedenken, dat is nu te laat. Tien dagen lang beginnen en eindigen we de dag met dezelfde riedel. Zij in paniek, ik bezweer haar dat het goed komt en probeer het *loopje* in haar hoofd te stoppen door te zeggen dat we er – voor vandaag, dat is het hoogst haalbare – niet meer over praten.

En dan is het zover. Ik begrijp weer waarom we destijds zijn doorverwezen naar een in angst gespecialiseerde kindertandarts. Ik grabbel mijn moed, mijn vertrouwen en mijn zen bijeen en neem mijn meisje mee. We rijden naar de stad en tussen het klappertanden door vraagt ze wat de tandarts gaat doen. 'Het is een controle. Dat betekent dat ze kijkt hoe het met je tanden en kiezen is. Meestal doen ze dat met een spiegeltje en met een haakje.' 'Een *haakje*?! Doet dat pijn?' 'De tandarts laat het van tevoren allemaal zien, dan weet je precies wat ze gaat doen.' 'En als ik dan een gaatje heb? Wat gaat ze dan doen?' en ze begint zachtjes te jammeren. Hoe een controle gaat bij deze tandarts, weet ik eigenlijk niet. Misschien werkt ze een eventueel gaatje in een moeite door weg, of zou ze dan een andere afspraak maken? Tot nu toe hebben we alleen maar gaatjes gevuld. Waarschijnlijk vindt mijn meisje beide opties even erg en dus zeg ik maar: 'Ik weet het niet, soms maken ze een nieuwe afspraak en soms herstellen ze het meteen.' Het gehuil breekt nu echt door en ik leg mijn hand op haar been. Ze laat hem liggen, dat is mooi. 'Je vindt het vervelend dat je niet weet wat er precies gaat gebeuren, hè? Wat zou je daaraan kunnen doen?' Met een wanhopige blik kijkt ze me aan. 'Kun jij het me vertellen?' 'Ik weet het ook niet precies, wel een beetje, maar niet precies.' 'En de tandarts?' 'Die weet het natuurlijk wel.' 'Maar ik durf dat niet te vragen.' 'En wat zou je wel durven?' 'Ik weet het niet. Ik ben zo bang.' 'Is het een idee om als we binnenkomen meteen te vertellen dat je het zo spannend vindt? En dat je graag wilt dat ze van tevoren vertelt wat ze allemaal gaat doen?' 'Wil jij dat doen?' 'Ik ga natuurlijk met je mee maar ik denk dat het beter is als jij het *zelf* vraagt aan de tandarts.' Tot mijn grote verrassing zie ik haar gezicht een klein beetje opklaren. 'Oké', zegt ze en precies op dat moment zijn we er.

We moeten even wachten en dat is niet leuk. Eindelijk zwaait de deur open en kunnen we naar binnen. Op de drempel blijft mijn dochter staan en op haar bibberige benen steekt ze meteen van wal: 'Ik wil eerst iets zeggen. Ik vind het heel erg spannend en ik wil graag dat je eerst vertelt wat je precies gaat doen.' Ik ben apetrots op haar, de tranen schieten in mijn ogen. De tandarts legt uit wat een controle is en dat ze alleen doet wat ze nu afspreekt. Als er meer moet gebeuren, maken we een nieuwe afspraak. Ze is er nog niet helemaal gerust op, maar gaat wel op de stoel liggen. Bij elke nieuwe handeling vliegt ze overeind en eist ze een verklaring. Enigszins geamuseerd kijk ik toe. Ik moet dichtbij blijven zitten, maar hoef haar hand niet vast te houden. Wat is het mooi om te zien dat ze voelt dat ze – een beetje – grip heeft op de situatie en wat doet haar dat goed.

HUISDIER

'Mam, mag ik een huisdier?' vraagt de jongste terwijl ze het hondje van de buren aait. 'Als je zes bent', zeg ik op de automatische piloot. En dan schiet door me heen dat ze over drie maanden al jarig is. Slik. Tot nu toe heb ik het probleem huisdier voor me uit kunnen schuiven, maar nu komt het plots akelig dichtbij. Ik ben zelf geen held met beesten, maar mijn oudste is panisch voor alles wat vanzelf beweegt. De grootste wens van mijn jongste daarentegen is boerin worden, met heel veel dieren. Laatst vroeg ze: 'Kan je als boerin ook nog moeder worden?' Want ze wil er graag ook nog heel veel kinderen bij.

Ze is gek op honden, klein en groot, neemt elke slak die ze onderweg tegenkomt mee naar huis, knuffelt de poezen van haar vriendinnen halfdood en ze spaart sinds maanden voor een konijn. 'Want', zo zegt ze, 'dat kan in een hok en dan is mijn zus er misschien niet zo bang voor.' Ze doet zo haar best om in te schikken maar op zo'n moment breekt mijn moederhart. Waarom moet zij met haar grote dierenliefde het onderspit delven voor de angsten van haar zus? Haar grootste wens is een hond, maar dat zou voor mijn oudste echt een ramp zijn. Hoewel ze de drie kleine jack russells van de buren dagelijks ziet, springt ze me nog in de armen zodra er zo'n beestje is losgebroken en op drie meter afstand voorbijrent. Een poes dan? Maar dat zijn van die eigengereide beesten waar je niet van op aan kunt, die komen je soms zomaar kopjes geven en springen het liefst op de meest onwillige schoten. Ik vrees dat ik mijn meisjelief daar geen plezier mee doe, en dan druk ik het nog eufemistisch uit.

Ons zonnetje wil een knuffelbeest, een aaibeest, een beest met een ziel om mee te troetelen. Muizen en cavia's zijn ook geen optie, die wandelen het liefst onder T-shirts en truien en ontsnappen nog wel eens uit hun kooi, dat gaat niet. Een vogeltje in een kooitje? Nee, dat fladderen is misschien ook niet ideaal. Heeft de jongste gelijk met haar konijn?

Zou dat het moeten worden? Überhaupt het idee van een dier in huis is voor mijn oudste een gruwel. Ik kom er niet uit. Ze zeggen dat je angsten kunt overwinnen door ermee geconfronteerd te worden, maar al onze bezoeken aan de kinderboerderij, de dierentuin en de buren ten spijt, zie ik geen enkele verbetering bij dat bijzondere meisje van ons.

Een goudvis kan een optie zijn. Die komt niet uit zijn kom, die hoef je niet te aan te raken en het voer tik je droog uit het doosje in het water. Een goudvis voor mijn jongste, dat is kindermishandeling, maar voor de oudste misschien een opstap om te wennen aan een nieuwe huisgenoot?

PIJN

'Au mama, au, ik houd het niet meer!' kronkelt mijn meisje in haar bed. Ze heeft plotseling verschrikkelijke buikpijn en dat vindt ze vreselijk. Niet eens omdat ze pijn heeft, maar omdat ze niet weet hoe lang het duurt, hoe het afloopt, wat het betekent. Omdat ze geen grip heeft op wat er met haar lijf gebeurt, raakt ze in paniek. Mijn hemel, wat maakt ze een misbaar, haar zusje is plaatsvervangend in tranen. 'Kom maar liefie, ik maak een lekkere warme kruik voor je en als je die tegen je buik houdt, helpt dat.' 'Echt? Hoe weet je dat, waarom dan?' 'Dat helpt, warme kruiken helpen tegen buikpijn. Altijd.' Het valt niet mee om stellig te zijn, maar het is de enige remedie om haar nu te kalmeren. Ik weet vrijwel zeker dat er niets ernstigs aan de hand is omdat mijn jongste en ik afgelopen week een vergelijkbare onschuldige koliekaanval te verduren kregen. En inderdaad, na een minuut of tien neemt de ergste pijn af. Als het me lukt om de angst te bezweren dat de pijn zal terugkomen, wordt mijn dochter langzaamaan weer rustiger. Ik aai haar over haar hoofd, over haar rug en stop de dekens stevig vast.

'Mama, als ik nou een blindedarmontsteking had, dan moest ik naar het ziekenhuis, hè?' 'Ja, dan wel, maar gelukkig is het dat niet.' Tot mijn verrassing zegt ze echter: 'Dat vind ik eigenlijk wel jammer. Ja, want dan zou er echt iets ergs met mij zijn en dan kom ik weer op school en dan komen ze allemaal naar me toe. Dan krijg ik eens een keer aandacht.'

In duizelingwekkende vaart neem ik een sprong in de tijd. Ik ben acht jaar en rijd op mijn fietsje over de dijk. Ik heb net mijn vriendinnetje voor de derde keer thuisgebracht en moet nu echt terug naar huis, we gaan bijna eten. Ik besluit van de steilste dijkhelling te gaan zodat ik lekker veel vaart kan maken, het is heerlijk om zo hard naar beneden te suizen. Ik begin alvast harder te fietsen zodat ik straks extra veel wind door mijn lange haren voel waaien. En dan fluistert een stemmetje in mijn hoofd: 'Misschien breek je wel een arm, dat zou mooi zijn.' Ik besluit ervoor te gaan, fiets zo hard ik kan en stort me met ware doodsverachting van de dijk. 'Ach, dat lukt je toch niet, vergeet het maar', dreint het stemmetje, en terwijl ik bijrem ga ik genadeloos onderuit op de steentjes die zijn achtergebleven na recente wegwerkzaamheden. Met een doffe klap smak ik tegen de grond.

Oud zeer. Aandacht, daar ging het dus om. Gelukkig durft mijn meisje het gewoon te zeggen.

EINDSHOW

Ze is dwars, ze is boos en ze belaagt haar zus aan de lopende band. Ik deel waarschuwingen uit, zet haar op de gang, laat haar 's morgens terug naar boven gaan en zeg haar dit keer met haar goede been uit bed te stappen. Elk verzoek klinkt inmiddels als een commando. Er is al dagenlang geen land mee te bezeilen en er gloort geen hoop aan de horizon. Of, wacht eens even, wat doemt daar in de verte op? Natuurlijk, hoe kon ik dat over het hoofd zien: de dansvoorstelling waar ze aan meedoet. De giga eindshow waar ze een jaar lang naar toegewerkt heeft is al over een week!

'De eindshow komt al dichterbij, hè. Hoe vind je dat?' 'Oei, ik vind dat zo spannend. Want hoe moet dat nou als ik niet weet waar ik naar toe moet. Als ik nu het podium niet kan vinden want het is daar zo groot! En hoe weet ik dan waar mijn groep is als ik daar aankom?' Ik hoef maar één duwtje te geven en de vragen stromen eruit. Dat is toch frappant, het houdt haar dus wel degelijk bezig, maar ze begint er zelf niet over. De onrust die ze voelt vertaalt ze in dwars gedrag en ik weet inmiddels dat ze pas weer toegankelijk wordt als ze zich veilig genoeg voelt. We nemen minutieus door hoe het er zal toegaan. Gelukkig deed ze vorig jaar ook mee, want het helpt haar enorm om daarnaar te verwijzen. En pas als we precies op een rij gezet hebben hoe het zal gaan, waar ze zich zorgen over maakt, wat er zou kunnen gebeuren en hoe dat opgelost kan worden *en* als de danskleren bij elkaar op een stapeltje in de kast liggen – dan komt plots mijn meisje terug.

Zucht, had ik dat maar een paar dagen eerder gedaan…

VEEL

Ze heeft – na anderhalf jaar zwemles – in zes weken tijd twee zwemdiploma's achter elkaar gehaald. We zijn allemaal zo blij voor haar, en ze geniet van alle aandacht. Zelf vindt ze het vooral interessant dat ze van de oma's, opa en wat vrienden 'zomaar' geld krijgt. Hier een euro, daar een euro en zelfs briefjes van vijf. Wauw, het geldwolfje kan haar geluk niet op. Sinds een paar weken is ze aan het sparen voor een Baby Born, het toppunt in de poppencommercie. En dat terwijl ze niet van poppen houdt. Ik begrijp er niks van, van mij krijgt ze het ding dan ook niet.

Verwoed zit ze haar geld te tellen en ze voelt zich de koning te rijk. 'Mama, wat kost een Baby Born?' 'In de winkel zag ik dat ze ongeveer vijftig euro kosten.' 'Vijftig euro?! Ik heb tweeëntwintig en een halve euro, dat is toch ook hartstikke veel? Kan ik dan wel een Baby Annabell kopen?' 'Nou en of is dat veel geld, maar helaas schat, Annabell is nog iets duurder, iets van zestig euro.' 'Ja nou, dan kan ik *nog* geen Baby Born kopen! En met mijn zakgeld duurt het nog jaren!' 'Je kunt ook op internet kijken of er een kindje is dat haar pop wil verkopen. Dan is hij niet helemaal nieuw, maar misschien vind je dat niet zo erg?' Samen grazen we Marktplaats af, maar op de een of andere manier is het allemaal niet naar haar zin. Met enig wroeten komt het hoge woord eruit: 'Dan ben ik al mijn geld kwijt en dan heb ik alleen maar een pop en helemaal niks erbij. Ik wil ook een flesje en een potje en kleertjes.'

Als ze in bed ligt, ga ik eens op onderzoek uit. Die Baby Borns blijven tweedehands afgrijselijk duur en de accessoires doen daar niet voor onder. Plotseling stuit ik op een mand vol poppetjes, kinderwagens, kleertjes, flesjes, opbergkastjes – de hoeveelheid roze doet het glazuur van je tanden spatten. De wereld van My Little Baby Born ontsluit zich voor mij. Zou ze dat leuk vinden? Die minipoppen zijn een stuk betaalbaarder. Ik tast bij haar altijd in het duister als het om speelgoed gaat. Nog steeds heb ik geen flauw idee wat aanslaat en wat niet, en waarom. Dit keer blijkt mijn gok echter vol-le-dig in de roos. Dol- en dolgelukkig is mijn niet-poppenkind als ze de volgende dag met de overvolle mand naar de auto loopt. Stralend kijkt ze me aan en ze zucht: '*Dat* zijn *veel* spullen, hè...'

De dagen erna ordent ze haar poppenwereld met eindeloos geduld. Alles krijgt een vaste plaats en wordt overzichtelijk uitgestald. Daar is vooral veel ruimte voor nodig en alles moet precies zo blijven staan zoals ze het heeft opgesteld. Ze nodigt het ene na het andere vriendinnetje uit om naar de poppen te komen kijken. Dat neemt ze nogal letterlijk. Het komt erop neer dat ze toestaat dat de vriendinnen haar verzameling bewonderen, maar alleen met de ogen. Waag het niet ze op te pakken, te verplaatsen, ermee te *spelen*. Voor haar vriendinnen is de lol er snel af. Maar mijn meisje is gelukkig en geniet met volle teugen van de omvang van haar aankoop. Ik geloof dat ik voortaan weet aan welke voorwaarden haar cadeaus dienen te voldoen. 'Veel' lijkt het toverwoord te zijn...

NEE

'Ik wil niet in bad. En waarom moeten we nou weer op de fiets? Ik *wil* dat niet. Kan ik niet ergens gaan spelen? Ik wil gewoon niet mee.' Zeven jaar is ze en aan samen op stap heeft ze op dit moment een broertje dood. Want als je samen weg bent, moet je afstemmen en kan de dag anders verlopen dan je in je hoofd hebt. Voor haar is dat zo'n beetje het vervelendste dat er bestaat. 'We gaan op de fiets want papa gaat met de auto naar zijn werk. En jij, je zus en ik gaan samen naar de stad omdat we voor jou in ieder geval twee rokken of jurken gaan kopen. Dus ga je mee.' 'Maar ik vind dat niet leuk en ik ga niet mee!' Haar gezicht donkert met de minuut en ik voel groot ongeduld in mij opborrelen. Het liefst bijt ik haar toe dat ze dan vooral maar thuis moet blijven met dat nukkige hoofd van d'r, maar dat is helemaal geen optie. En o, wat zou het heerlijk zijn om haar uit spelen te sturen en de dag voor mij en de jongste alleen te hebben, maar ik heb juist voor *haar* bedacht dat ze er wat zomerkleren bij moet hebben. Ik overweeg heel even of ik die dan zonder haar zal aanschaffen, maar de afgelopen dagen heeft mevrouw al zo vaak dwarsgelegen dat ik haar dat eigenlijk niet gun.

'Als je nou goed meewerkt en zonder te mopperen met mama meegaat, dan kun je misschien daarna nog met iemand gaan spelen?' oppert haar vader. Hij kijkt me verontschuldigend aan en hoopt dat zijn interventie niet ongewenst is. Het is echter precies het zetje dat ik zelf even nodig had om in een andere stand te raken. 'Dûh, dat mag toch niet van mama en anders zal je zien dat het dan al te laat is om te gaan spelen', donderwolkt ze nog even voort. Ik besluit haar te verrassen: 'Ik vind dat eigenlijk wel een goed idee. Als je zonder boos te zijn in bad gaat en je haren wast, daarna meegaat op de fiets en zonder te zeuren kleren uitzoekt – en we kijken ook naar iets voor zuslief – en als je niet steeds vraagt wanneer we weer naar huis gaan, dan mag je als we thuiskomen nog met iemand gaan spelen.' 'En als het dan al te laat is, dan ik heb ik alles niks voor niks gedaan!' 'Het is kwart voor elf, als je nu meteen in bad gaat en er niet te lang over doet, en dan mag je zusje vanavond zodat je daar niet op hoeft te wachten, dan eten we een boterham als je weer beneden bent en kunnen we om halftwaalf al vertrekken. Dan zijn we tussen twee en halfdrie weer thuis. Maar veel hangt dus af van hoe lang jij in bad blijft.' 'Om halfdrie?' zegt ze enigszins ongelovig. 'Om halfdrie!' doe ik stellig terug. 'Oké!' Wonder boven wonder draait ze de knop om en ze zet hem in de meewerkstand.

Ze blijft dik drie kwartier in bad, we vertrekken pas om kwart over twaalf en het wordt een heel gezellige middag. Als we om vier uur thuiskomen, zegt ze een tikje mismoedig: 'Dat was dus allemaal voor niks.' 'Nee lieverd, het was niet niks voor niks. Fijn dat we zo'n gezellige middag hebben gemaakt, dank je wel, daar ben ik heel blij mee. Dikke kus.' Want ook moeders hebben succeservaringen nodig om er weer tegenaan te kunnen, maar dat kan ik haar niet uitleggen. En dat hoeft ook niet. Ze is alweer aan het spelen, buiten op het pleintje.

ANGST

'Wel jammer hè dat ik niet naar het feestje van Hella kan, ze is in de vakantie jarig.' Mijn oudste komt net uit school en blijkbaar is haar een partijtje door de neus geboord. 'Omdat we dan in Frankrijk zijn, dat is wel jammer inderdaad. Vieren ze het in de vakantie?' 'Nee-hee, omdat ze een hond hebben natuurlijk!' Een boze blik probeert me te doden. 'Je weet dat ze de hond speciaal voor jou willen opsluiten in de werkkamer, dat heeft Hella's moeder beloofd.' 'Maar toch ga ik niet, ik wil niet.' De meisjes trekken op school al naar elkaar toe sinds ze kleuters zijn, maar toch kunnen ze volgens mijn dochter geen vriendinnen worden. Door die hond, snap je. Ze ziet dat als een voldongen feit, legt zich erbij neer en weigert mee te werken aan welke oplossing dan ook.

We eten een boterhammetje, kletsen wat over ditjes en datjes en het valt me op dat ze de laatste dagen weer wat beter in haar vel zit dan de afgelopen maanden. Fijn om haar weer een beetje terug te hebben. Totdat ik voorstel om even naar de bieb te gaan. 'Maar ik ga *niet* op de fiets.' Meteen staat ze met haar hakken in het zand, haar gezicht op onweer. Ik probeer er al maanden tevergeefs achter te komen waar die fietsangst vandaan komt. Ze wil wel met haar skeelers achter mijn fiets hangen, of achterop zitten. Maar het liefste gaat ze met de auto. Dat laatste weiger ik, en zo'n groot kind achterop vind ik meer iets voor noodgevallen. Tegen de skeelers kan ik echter geen bezwaar hebben.

Op skeelers en fiets dus naar het dorp. Met een reuzevaart maken we samen veel lol. De bibliotheek is op de eerste verdieping. Voordat ik er erg in heb, is ze al halverwege de trap met haar skeelers nog aan. Ach, dat doet ze eigenlijk heel behendig, dus ik laat haar maar klimmen. Terug de trap af vind ik gevaarlijker, dus ik overweeg de lift. Ik heb nog niks gezegd, maar houd blijkbaar mijn pas in. Dat voelt ze meteen: 'Nee, ik ga niet met de lift, dat weet je best.' Daar is ze consequent in, dat klopt. Later zal ze zelfs de Eiffeltoren met de trap beklimmen.

Ik weet het, het zijn geen dramatisch ontwrichtende angsten, maar ze beginnen zich wel op te stapelen. Niet met de trein willen reizen, nu ook het spoor niet durven oversteken, angst voor huisdieren en honden in het bijzonder, niet willen fietsen, angst voor de tandarts, geen liften gebruiken en dan ben ik nog niet halfweg. Dat is voor zo'n jonge meid toch op zijn minst belemmerend in het sociale verkeer. Misschien wordt het tijd om weer eens een afspraak met de psychiater te maken om mijn licht op te steken hoe ik daar het best mee kan omgaan.

Als we bij de kinderpsychiater zijn, vraagt ze of we het nog aan-kunnen? Of we behoefte hebben aan ouderondersteuning? Of we wellicht een PGB, een Persoonsgebonden Budget, willen aanvragen zodat we met dat geld zelf thuis hulp in kunnen kopen. 'Zo'n kind is het liefst je enige kind, ze vreet je op waar je bij staat', zegt ze, en ik begrijp heel goed wat ze daarmee bedoelt. Ik weet het niet, mijn man en ik kunnen het samen gelukkig goed aan.

Natuurlijk is het intensief, maar geldt dat niet voor alle ouders? Ik moet denken aan al die kinderen waar veel meer mis mee is, die dagelijks veel fysieke zorg nodig hebben, die niet naar een gewone school kunnen gaan, die vaak ziek zijn. Ik moet denken aan minder gelukkige gezinsomstandigheden, aan ouders die sociaal niet zo vaar-dig zijn, die financieel de touwtjes nauwelijks aan elkaar geknoopt krijgen. Het meest van al aarzel ik omdat we nog altijd de officiële diagnose niet hebben laten stellen. De werkhypothese autisme geeft tot nu toe voldoende ingangen en handvatten. Ze is nog zo jong, er is nog zoveel mogelijk, het gaat – naar omstandigheden – zo goed met haar dat ik haar, dat definitieve stempel niet wil opdrukken. Niet dat het dan op haar voorhoofd getatoeëerd wordt, maar het komt wel in allerlei dossiers die een eigen leven kunnen gaan leiden. En daar ben ik nog niet aan toe. Al schuiven we steeds een klein beetje verder op. Als de juf het niet meer redt in de klas, vraag ik het geld voor extra ondersteuning zo aan, zo ver zijn we wel.

'Misschien is het niet nodig voor jullie, maar wel voor je jongste?' zegt de psychiater en raakt daarmee mijn achilleshiel. We moeten ruimte maken voor onze jongste, en misschien ook wel voor onszelf. Hoe we dat gaan doen is nog de vraag, daar passen we wel een mouw aan.

DAG!

'Hallo, oma!' zegt de jongste opgetogen. We vertrekken morgen naar Frankrijk en mijn moeder belt nog even om gedag te zeggen. Het is hectisch in huis want ik moet een deadline halen, mijn man loopt spullen in te pakken, de jongste vergaat van de jeuk door een allergieaanval en de oudste is knorrig. Met één oor luister ik naar het telefoongesprek, maar mijn volle aandacht heeft het niet. 'Weet je, oma, ik heb vandaag op school aardbeien gekregen omdat iemand trakteerde. Morgen gaan we al weg, meteen uit school en dan gaan we ook naar een hotel, maar ik moet eerst nog naar de dokter omdat ik verschrikkelijke jeuk heb...' en zo kwebbelt ze nog een tijdje gezellig door. 'Hier', ze houdt de telefoon onder de neus van de oudste, maar die weigert resoluut. 'Ze wil niet', hoor ik haar zeggen tegen oma. 'Oma wil je graag gedag zeggen', wordt de jongste gesouffleerd door de telefoon. 'Nou, en ik niet!' is het boude antwoord. 'Sorry, oma, maar ze wil echt niet.' En tegen haar zus: 'Oma zegt dat ze dat niet leuk vindt en dat ze je graag even wil spreken, anders is ze erg verdrietig.' Dat begint verdacht veel op emotionele chantage te lijken. Ik vraag me af of ik moet ingrijpen, maar de oudste trekt zelf haar plan door 'Nou en!' te roepen en naar buiten te lopen, buiten het bereik van de telefoon.

Hm, ze is natuurlijk uit haar hum omdat ze slecht overweg kan met het idee van een vakantie in zicht, maar dit was wel erg bot. Anderzijds kan ik haar toch moeilijk aan de telefoon dwingen om leuk gedag te zeggen als ze daar geen zin in heeft. Dat wordt dan ook geen succes. Langer dan een paar seconden sta ik er niet bij stil, die klus moet af.

De volgende ochtend bel ik nog even naar mijn moeder. Het hele voorval van gisteren ben ik alweer vergeten, maar mijn moeder niet, zo blijkt. Ze is er danig van overstuur en voelt zich diep gekrenkt. Ik doe mijn best om uit te leggen dat ze het niet persoonlijk moet opvatten, dat het de manier van haar kleindochter is om duidelijk te maken dat ze van slag is. En natuurlijk moet ze leren dat je zo niet met mensen omgaat, maar bij haar lukt dat niet zo een-twee-drie. Het kwartje valt niet echt, en ik ervaar weer eens hoe gemakkelijk de buitenwacht kan twijfelen aan mijn opvoedcapaciteiten. En dan is dit nog buitenwacht die op de hoogte is en mij toegenegen zou moeten zijn. Vechten tegen de bierkaai, zo lijkt het wel.

ZWEMMEN

'Hoe zal ik erin springen, jij mag het zeggen!' We zijn net aangekomen bij het zwembad en voordat ik de spullen uit de rugzak kan halen om ons plekje te maken, staat ze al verwachtingsvol te popelen aan de rand van het diepe. 'Doe maar met een mooie koprol', reageer ik. 'En vind je het knap als ik er in één keer inspring?' 'Nou, ik vind het niet knap, maar wel dapper.' 'Waarom vind je dat nou niet knap, dat is toch knap als ik er in één keer inspring?' 'Knap is als je ergens bijvoorbeeld lang voor hebt geoefend en je kunt het dan. Dapper is als je iets durft dat anderen niet zo goed durven. Kom, spring er maar in, dan leg ik intussen de handdoeken neer.' 'Maar je moet wel kijken, hè, als ik spring. Zal ik zo achteruit erin springen, of zal ik net doen alsof ik blind ben?' 'Ik had gezegd met een koprol, doe dat dus maar. En dan kijk ik één keer en dan ga ik verder om ons plekje klaar te maken.'

'Mama, zag je dat, goed van mij, hè? Kom je nou?' 'Ja meis, hartstikke goed gelukt. Ga maar lekker zwemmen. Ik leg onze spullen neer en daarna kom ik er ook in.' Samen zwemmen en stoeien we en ze springt op twintig verschillende manieren in het water. Ik trek, onder haar protest, een paar baantjes en ga er dan uit om even lekker uit te rusten.

'Mama, kijk eens, zag je dat? Goed, hè?' Omdat ik zit te lezen, reageer ik niet. 'Mama, mama, mama! Zag je dat, goed van mij, hè? MAMA, zeg eens wat, waarom zeg je niks terug?' 'Ik zit te lezen, je moet nu even zelf spelen. Kijk, daar zijn volgens mij die kinderen van de Kids Club, misschien kun je wel meedoen. Of je gaat lekker van de waterglijbaan...' Met een donderblik zegt ze: 'Die ken ik toch niet, ik mag toch niet meedoen.' 'Als je het niet vraagt, weet je het niet. Maar je kunt ook alleen spelen. Ik ga nu lezen, over een half uur kom ik er weer in.' 'Een half uur?! Dat is toch veel te lang. Vijftien minuten.' 'Nee, een halfuur, zei ik.' 'Achttien minuten dan.' Ik doe er verder het zwijgen toe en uiteindelijk geeft ze het op. Het duurt nog een tijdje voordat ik erop durf te vertrouwen dat er inderdaad leestijd is aangebroken. Pff, even bijkomen, de grenzen zijn getrokken.

GEZELSCHAP

De eerste dagen op vakantie is het altijd even zoeken. En dan druk ik me eufemistisch uit. Alles is nieuw en dat brengt veel onzekerheden mee. Normaal kijk ik tegen etenstijd in de koelkast om te kijken wat ik ga klaarmaken, nu word ik geacht 's morgens om zeven uur de vraag 'Mam, wat eten we vanavond?' te beantwoorden. Niet dat die vraag er eigenlijk toe doet, maar blijkbaar geeft het haar houvast.

De eerste dagen is het de kunst om het benauwende geclaim te verdragen en geleidelijk haar blik naar buiten te richten. Gelukkig heeft ze een zus die daarbij bijzonder behulpzaam kan zijn. Het gevaar is echter dat ze zich helemaal op zuslief richt, die dan van de weeromstuit ook begint te dreinen omdat er voor haar geen greintje ruimte overblijft. Goed, schipperen en de balans zoeken dus.

Ze houdt van gezelschap. Misschien is dat wel haar redding. Hoewel, soms bekruipt me het gevoel dat het voor ons – en misschien ook wel voor haarzelf – handiger zou zijn als het een stereotypische einzelgänger zou zijn met een passie voor dinosaurussen. Maar dat is ze duidelijk niet. Ze kan slecht haar draai vinden als ze geen kinderen in de buurt weet. Dat is natuurlijk altijd even zoeken in den vreemde.

Wat mij opvalt, is dat ze heel gemakkelijk omgaat met wat wij toch snel als eigenaardige types zouden bestempelen. In het dagelijks leven is ze bijzonder kritisch op hoe volwassenen eruitzien – gaan we voor het eerst naar de dokter, dan zegt ze: 'Ik hoop maar dat hij niet te lelijk is' of 'Denk je dat ze mooie kleren aan zal hebben, en hoge hakken?' – maar bij kinderen trekt ze zich daar niks van aan. Of misschien is het hebben van gezelschap belangrijker dan het hebben van passend gezelschap? Ik weet het niet, ik ben er nog niet uit en verbaas me regelmatig over haar keuzes.

Terwijl we over het campingterrein lopen, scant ze de omgeving op loslopende kinderen. Ze zal niet snel aansluiting zoeken bij groepjes en is dus vooral op zoek naar eenlingen. Inmiddels is ze heel behendig geworden in het leggen van contact, vooral bij het zwembad. Ze duikt op een maffe manier in het water en zegt: 'Kun jij dat ook?' of zoiets. Dat doet ze bij verschillende kinderen, net zo lang tot ze beet heeft. En als ze dan beet heeft, nou, berg je maar, dan overstelpt ze haar vangst met alle aandacht en liefde die in haar is. 'Kijk, mam, dit is mijn vriend' – we zijn twintig minuten bij het zwembad – 'en ik ben op hem!' smiespelt ze in mijn oor. Vijf minuten later: 'Hij is ook op mij, mama, we hebben onder water gezoend!'

VAKANTIE I

Ik ben grootgebracht met het idee dat je nooit, echt nooit, twee keer op dezelfde plek vakantie gaat houden. Dat doe je gewoon niet. Dat is voor saaie mensen, voor zonderlingen zonder ondernemingsdrang, onavontuurlijke geesten. Ik kon me niet voorstellen dat je zo een boeiende vakantie zou kunnen hebben.

En toen kreeg ik een dochter met wie elke vakantie een drama was. Niks samen gezellig eropuit. Met hangen en wurgen kwamen we die eerste vakantiejaren de dagen door. Er was werkelijk geen lol aan. En van uitrusten, bijkomen of opladen kwam zo natuurlijk weinig terecht. Pas op het eind van elke vakantie leek ze ongeveer haar draai te vinden. En op de terugweg naar huis vroeg ze steevast: 'Gaan we hier de volgende keer ook weer naartoe?' 'Ja, haha, alsof we het hier zo leuk gehad hebben', dacht ik dan.

En dan op een dag ergens in augustus, na weer zo'n moeizame vakantie, begint er iets te broeien in mijn hoofd. Mijn man heeft al vaak herinneringen opgehaald aan de vakanties uit zijn jeugd. Elk jaar trok zijn familie naar Walcheren om daar verspreid tussen Vlissingen en Zoutelande met zijn allen vakantie te vieren. Alle ooms, tantes, neven en nichten verzamelden zich daar. En wat hadden ze een lol, wat deden ze in wisselende samenstellingen samen leuke dingen en wat was het fijn dat er altijd familie was met hokjes op het strand. Jaar in, jaar uit, van zijn zesde tot – nou ja, eigenlijk gaat iedereen nog steeds. De ooms en tantes gaan nog elk jaar een vaste week naar Zoutelande en de neven en nichten komen inmiddels met hun eigen kinderen langs. Sommigen voor een paar dagen, anderen de volle drie weken die ze zomervakantie hebben. Wat kan de aantrekkingskracht daarvan zijn?
Misschien is het voor sommige mensen fijn om te weten waar je aan toe bent? Misschien hebben sommigen het nodig om alvast te weten hoe hun vakantie eruit zal zien? Onzekerheden uitsluiten om dan pas echt aan ontspanning toe te komen? Zou dat voor mijn meisje een oplossing zijn?

En ik dan? Ga ik dat verdragen? Hoeveel heb ik over voor mijn kind? Ik bedoel, ik gun haar een goede vakantietijd, maar wat met *mijn* behoefte om bij te tanken? Aan de andere kant, het gevecht dat we nu vakantie noemen komt ook niet tegemoet aan mijn idee om me te laven en te voeden om er de rest van het jaar tegenaan te kunnen. Schoorvoetend sla ik een nieuwe weg in. Ik ga uitzoeken hoe we die twee uitersten bij elkaar kunnen krijgen.

MIJLPAAL

'We hebben vandaag toch ijs als toetje?' jubelt mijn oudste. 'Oeps, sorry, ik heb gisteravond alles al opgegeten, ik had zó'n zin in iets lekkers', zeg ik schalks. Woedend stuift ze op, ze kan me wel aanvliegen. 'Dat is niet eerlijk!' 'Zou ik dat *echt* hebben gedaan, die hele bak ijs, in mijn eentje?' plaag ik haar verder. Ze begint te twijfelen, maar de boosheid heeft nog de overhand. Ik verlos haar uit haar onzekerheid en haal met een groot gebaar het ijs uit de diepvries. 'Ik zou niet durven, ik weet toch hoe gek jullie op ijs zijn. Ik plaagde je alleen maar.'

Mijn meisje houdt niet van grapjes. In haar beleving zijn dat nodeloos ingewikkelde schermutselingen die de communicatie er niet eenvoudiger op maken. 'Het leven is al moeilijk genoeg, dus laat die grapjes alsjeblieft achterwege', lijkt ze me te zeggen als ze me haar typische donkere blik toewerpt. Toch blijven wij volhouden om haar voorzichtig te plagen, telkens weer. In de hoop dat ze er geleidelijk mee leert omgaan, de codes een beetje gaat herkennen. Als ik een cadeau krijg dat onmiskenbaar een ingepakt boek is, zeg ik steevast vol verwachting: 'Wat zou het zijn?' En als zij dan zegt: 'Een boek natuurlijk', antwoord ik weer: 'Nou, je weet het niet, misschien is het wel een fiets.' Te flauw voor woorden, en ik bedenk dat ik misschien maar eens moet ophouden met die flauwe grappen van me. Totdat haar peetoom op bezoek komt, die pas zijn verjaardag heeft gevierd. We zingen en zoenen en overhandigen hem zijn cadeau. 'Hé, dat is vast een boek', zegt hij. Waarop mijn oudste ad rem reageert: 'Nee hoor, het is een fiets. Een vouwfiets.' De tranen schieten in mijn ogen, dit voelt als een mijlpaal.

KNOOP

'Hoe gaat het met je oudste op school?' Er flitst van alles door mijn hoofd. 'Hoe het gaat, eh, wat…' ik sta met mijn mond vol tanden. 'Ze zit nog lang niet op niveau, hè, met lezen?' voegt het familielid er nog aan toe. Ik weet het niet, of, nou ja, ik weet het wel. Het valt best mee maar ze heeft er een broertje dood aan, dus demonstreert ze haar leeskunsten liever niet. Een echte lezer zal ze nooit worden, maar in de klas komt ze aardig mee met de middenmoot. En daar ben ik allang blij mee. Zelf zegt ze: 'Mama, het is zo druk in mijn hoofd als ik zelf moet lezen. Dan kan ik helemaal niet meer naar het verhaal luisteren. Wil jij alsjeblieft voorlezen?' Dat zegt ze mooi. Zo snap ik waarom het haar zo tegenstaat. Want het is helemaal niet fijn om ergens hard je best voor te doen en dan gefrustreerd te raken omdat je er niks van kunt volgen.

Juf vraagt zich bijvoorbeeld af waarom ze bij het klassikaal (hardop) rekenen tot de besten behoort, maar bij het zelfstandig werken niet vooruit te branden is. Net als de andere goede rekenaars krijgt ze extra werk waarmee ze zelf aan de slag mag. Dat doet meisjelief wel, en alles wat ze maakt is correct, maar ze werkt hopeloos traag. Aldus de juf. 'Je mag wel iets meer afmaken, hoor', zegt juf dan. En dan kijkt ze haar aan met een verbaasde blik en zegt: 'Maar ik werk toch goed, juf?' En tja, juf gelooft ook echt dat ze denkt dat ze hard werkt. Maar die anderen gaan als een speer door dat boekje heen en zij heeft met moeite de tweede taak pas af.

Ik kan nog niet helemaal de vinger leggen op wat het probleem nu precies is, maar ik weet wel dat het inherent is aan autisme. 'Snapt ze wat ze moet doen, juf? Is het misschien nodig de opdracht in meer stukjes te verdelen?' Juf denkt na en komt tot de slotsom dat het daar niet aan ligt. 'Is ze bang om het niet goed te doen? Wil ze geen fouten maken en controleert ze eindeloos wat ze doet?' De juf is nog niet overtuigd. Dan flitst het door mijn hoofd: 'tempo maken bij het fietsen, aankleden' en ik voel dat ik er *bijna* ben. De klok! Natuurlijk, de klok, die is voor haar essentieel in het grip krijgen op de taken die haar worden opgelegd. 'Het is misschien wat ongebruikelijk, zeker bij kinderen van deze leeftijd, maar ik denk dat je haar helpt om de klok erbij te gebruiken. Dat je zegt: "We gaan zolang rekenen en dan verwacht ik dat je zoveel bladzijden af hebt." Dat geeft houvast, een richting, dan weet ze wat er van haar verwacht wordt.' We praten nog een beetje door over hoe wij thuis de klok gebruiken en de juf besluit te zoeken naar een manier waarop ze dit systeem zou kunnen toepassen zonder dat dochterlief het als druk gaat ervaren.

Een paar dagen later krijg ik telefoon van een blije juf. Het werkt als een speer. De eerste keer had mijn dochter haar verwonderd aangekeken en gevraagd: 'Echt? Moet ik dat allemaal af hebben?' En toen juf antwoordde dat ze dacht dat ze dat wel zou kunnen, volgde het droge 'Oké' en ging ze aan de slag. Dat doen ze nu sinds de herfstvakantie en het gaat ontzettend goed. Ze heeft haar werk steeds af en vaak nog meer. En ze raffelt het niet af, het is goed gemaakt, consciëntieus en met plezier bovendien. Juf is blij, ik niet minder!

Ondertussen heb ik nog steeds geen antwoord gegeven op de vraag hoe het met mijn oudste op school gaat. Wie of wat wil ik nu gaan verdedigen? Wat bedoelt de vrager met zijn vraag? Dat 'het' er niet uitkomt? Dat er een enorm gat gaapt tussen de theoretische mogelijkheden die mijn dochter heeft en de praktische werkelijkheid? Of verwijst de vraag naar de vooroordelen die men heeft bij het vrijeschoolonderwijs, dat je er niets leert en alleen maar met vage dingen bezig bent? Misschien til ik er te zwaar aan, is het oprechte naïeve belangstelling. Ik raak helemaal in de knoop van die simpele vraag. Uiteindelijk houd ik het maar bij een onnozel 'O, het gaat best goed, hoor, en hoe is het met jou?'

VLINDER

'Zou het niet zo kunnen zijn dat er sprake is van dezelfde problematiek als bij haar zus?' oppert de kleuterjuf van mijn jongste. Ik twijfel even tussen van mijn stoel vallen of ontploffen, maar ik beheers me. We moeten nog een tijdje samen door, dus besluit ik me maar te gedragen. Ik haal diep adem en zeg: 'Daar ben ik het echt niet mee eens. Ik kan me voorstellen dat er sprake is van compensatiegedrag, imitatie wellicht ook, maar in de basis is dit een gezond kind. Dat zegt niet alleen mijn intuïtie, maar ook de kinderarts bij wie ze onlangs nog was voor haar eczeemklachten.' Ik ben de eerste om toe te geven dat mijn jongste op dit moment niet de gemakkelijkste is. Ze klaagt over pijntjes, ze kan erg aan je hangen en zo nu en dan is ze behoorlijk pieperig. Maar hé, kom aan, het leven van een vijfjarige kan hobbelig zijn als het op school niet botert met je juf en je thuis steeds de hete adem van je grote zus met autisme in je nek voelt.

Ik voel mijn wangen kleuren en plots prikken de tranen in mijn ogen. Waarom moet ik hier in hemelsnaam mijn kind zitten verdedigen? Wat zit die juf nou te bazelen over therapie zus en kruidenmedicijn zo? Ik wil dat kind helemaal niet veranderen. Ze is prachtig. Dat we niet meteen de beste aanpak weten te vinden, betekent voor mij niet dat we per definitie het probleem bij het kind moeten zoeken. Wij volwassenen moeten er toch voor zorgen dat een kind de ruimte krijgt om er te mogen zijn. Want daar gaat het over. 'Weet je, mam,' zei ze laatst, 'ik weet zeker dat ik de stoutste van de klas ben.' En haar klasgenootje dat met ons meeat, beaamde dat. Juf houdt van structuur, van orde, van met zijn allen gelijk. Maar mijn dochter bruist van levensvreugde, stroomt over van ideeën en staat graag in de belangstelling. Thuis heerst er noodzakelijkerwijs meer orde dan goed voor haar is, maar zo jong als ze is begrijpt ze al waarom dat nodig is. Ik snap ook wel dat ze op school moet luisteren, maar is het echt nodig haar buiten het lokaal te zetten als ze tijdens het eten zit te fluiten? Ik begrijp dat het moeilijk is voor de juf dat dit dametje niet gevoelig is voor haar autoriteit, maar er zijn meer wegen die naar Rome leiden. Vlinders passen niet in een rupsendoosje, dan gaan de vleugeltjes stuk. Geef haar de ruimte en geniet van haar kleurenpracht.

Ik stel voor om haar op eigen kosten te laten testen om zicht te krijgen op eventuele sociaal-emotionele problemen en ook te kijken waar ze cognitief staat. Want juf wil haar een jaar extra laten kleuteren terwijl wij denken dat ze eerder behoefte heeft aan meer uitdaging. Dus daar sta ik weer, bij de testdames op de stoep. Amper een jaar geleden waren we hier met de oudste, op zoek naar wat er toch met haar aan de hand was. Ze maakten een prachtig verslag en ik zei nog dat je ieder kind zou gunnen dat er zo goed naar gekeken wordt. Maar ja, dat doe je niet zomaar en het kost ook nog een flinke smak geld. Toch sta ik er nu weer, met onze jongste. Juf heeft een brief meegegeven waarin staat dat ze blij is dat er nu eens goed naar haar leerling gekeken wordt. Ze weet zich er immers geen raad meer mee. De orthopedagoog trekt haar wenkbrauw op als ze kijkt naar het stralende kind dat ze voor zich heeft. Mijn meisje beantwoordt alle vragen van de intake zelf en babbelt honderduit. In een apart gesprek vraagt de orthopedagoog hoe het mogelijk is dat een juf zo boos is op een kind van vijf. Ondertussen horen we hoe ze fluitend aan het werk is in de kamer ernaast.

Wanneer ik haar weer kom ophalen, staat iedereen te stralen. De onderzoekers hebben een heerlijke ochtend gehad en zo te zien ons zonnetje ook. Ik kan het niet helpen, ik raak helemaal ontroerd dat zulke vreemde mensen zo warm kunnen lopen voor mijn kind. Voor mij is het onderzoek zijn geld nu al waard, want eindelijk word ik weer eens bevestigd in mijn intuïtieve gevoel dat er met dit kind niks mis is.

Een week later volgt het adviesgesprek. Jawel, nog een hoogbegaafd kind erbij in het gezin. Het komt niet echt als een verrassing. Ze loopt fors voor op allerlei gebieden. En *last but not least* blijkt ze in haar sociaal-emotionele ontwikkeling extreem hoog te scoren. Zelfs als ze het vergelijken met een achtjarige scoort ze nog goed op de *Theory of Mind test*, de test die onder andere meet hoe goed je je kunt verplaatsen in het gevoelsleven van een ander. Dat hadden ze in de praktijk nog nooit meegemaakt bij een kind van die leeftijd. Autisme kunnen we dus met een gerust hart uitsluiten, ik weet nog goed hoe verbaasd de dames waren dat onze oudste – met haar uitstekende verstand – niks bakte van de ToM-test.

'We denken dat ze op een andere school beter op haar plaats zal zijn. Misschien is dat sowieso een goed idee om op die manier meer ruimte voor haar te creëren ten opzichte van haar zus.' Hola, wat komt er nu opeens uit de lucht vallen? 'We hebben het idee dat haar zus wel heel erg dominant is en dat uw dochter daar flink onder lijdt. Ze heeft duidelijk moeite om zich staande te houden, om zich een plek te verwerven. Een andere school kan haar daarin ondersteunen. We raden u sterk aan om de meisjes zoveel mogelijk te splitsen.' Ik voel hoe mijn keel wordt dichtgeschroefd. De rest van het gesprek gaat een beetje langs me heen, geeft niks, we krijgen het toch op papier mee. In mijn hoofd stormt het: 'We doen zo ons best... ik probeer toch ook... maar hoe weten jullie...' Ik wil me verdedigen, maar dat hoeft niet. Ik word heen en weer geslingerd tussen met grote oerkracht voor mijn jongste opkomen en stil bij de pakken neer gaan zitten.

Eerst maar weer eens wat neerdwarreltijd. En een andere school dus.

FIETSEN

'Mama, gaan we met de fiets, alsjeblieft, *please*?' Ze heeft net zonder zij-wieltjes leren fietsen en dat voelt zo lekker groot. 'Dat is goed, meis, het is lekker weer en het lijkt me hartstikke leuk om met zijn drieën op de fiets te gaan. Wat leuk dat je voor het eerst zelf naar de stad gaat fietsen. Stoer, hoor!' Mijn jongste springt een gat in de lucht en gaat meteen haar schoenen aandoen. 'Nee! Niet met de fiets. Dat wil ik niet. Dan ga ik niet mee.' Oudste in de bocht, het zat erin. Maar ik laat me niet vermurwen en we gaan gewoon.

'Mama', er klinkt een dun stemmetje achter me. Eerlijk gezegd had ik niet helemaal voorzien dat met zijn drieën naar de stad fietsen voorlopig betekent dat ik naast de jongste moet blijven en dat de oudste daardoor meer op zichzelf aangewezen is. Dat is natuurlijk inherent aan opgroeien, steeds meer zelf doen, maar voor een angstig meisje als dat van ons ligt dat soms net even genuanceerder. 'Mama, ik krijg een beetje buikpijn. Dadelijk moeten we het spoor over, toch?' De spoorwegovergang is nog 250 meter fietsen, dus ik kan nog even denken. Ting-ting-ting, *saved by the bell*. 'Kijk, de hekken gaan net dicht, dan hebben we alle tijd om er rustig naartoe te fietsen en straks over te steken.' 'Dan wil ik graag lopen', zegt ze en dat vind ik een goed idee. We staan te wachten en omdat het een druk spoor is, leer ik mijn kinderen pas over te steken als de rode lichten gedoofd zijn. 'Dus er kan *nog* een trein komen? Dat vind ik eng, ik wil dat niet, ik durf niet.' 'Als je netjes hebt gewacht en de rode lichten zijn uit dan is het veilig en kunnen we rustig oversteken.' De jongste stapt lekker stevig door, de oudste volgt aarzelend. In het midden probeer ik de boel enigszins bijeen te houden en het overige verkeer zo weinig mogelijk te hinderen. Ting-ting-ting... Tot grote ontsteltenis van mijn meisjelief zakken de spoorbomen alweer terwijl wij pas halverwege het spoor zijn. *Damn*, waarom nu? Waarom heeft dat kind telkens weer pech als we in de buurt van de trein komen? Jammerend haalt ze de overkant en we moeten al bukken om onder de slagbomen door te komen.

In de stad groeit haar angst voor de terugreis, ook al neem ik de tijd om de situatie rustig uiteen te rafelen en stap voor stap helder af te spreken hoe we het doen. Een spreekverbod over deze kwestie is vervolgens de enige manier om het *loopje* te doorbreken.

'Mama, kunnen we niet op een andere manier naar huis?' Ze is bereid twintig kilometer om te fietsen, maar nee, het spoor ligt er en we moeten eroverheen. Bovendien is het belangrijk om deze angst – die buitensporige vormen begint aan te nemen – niet verder te voeden door vermijdingsgedrag te belonen. Dan zegt haar kleine zus: 'Als jij bang bent, mag mama wel naast jou fietsen' en de engel werpt mij een stralende blik toe. Wat is dat wijfie toch in- en ingoed, en wat snapt ze goed wat haar zus nodig heeft. Zo gezegd, zo gedaan. Vlak voordat we bij de overweg komen ga ik naast de oudste fietsen en stuur ik de jongste wiebelend vooruit. Zwiep-zwap doet haar hoge vlag en ze gaat hobbeldebobbel over de rails. De oudste heb ik naast me, stevig bij de schouder. Als een volleerde boeddha zend ik rustsignalen naar het gespannen lijfje.

We halen het, natuurlijk halen we het. Maar als we ons pleintje opfietsen, barst mijn jongste meisje in tranen uit. Mijn kleine meid, die zo stoer en dapper was, breekt in het zicht van de veilige haven. Ze had zich denk ik een andere eerste zelfstandige fietsrit voorgesteld. Dit was net iets te veel van haar gevraagd.

Sorry, lieve schat.

POES

'Papa, mama! Waar is het poesje?!' Het is zeven uur 's ochtends. Sinds drie weken is dit de standaardwektekst. Mijn oudste heeft haar slaapkamer gebarricadeerd om te voorkomen dat de poes er binnenstapt. Terwijl ik de tafel dek voor het ontbijt, hoor ik vervolgens een voorzichtig 'Is het veilig?' Dat betekent dat mijn meisje voor de kamerdeur staat, die ze niet meer zomaar open durft te doen. 'Oei! Ik schrik me een hoedje!' roept ze uit als het kleine katje op een meter afstand rustig langs haar heen loopt. En toch ben ik ervan overtuigd dat we de goede keus hebben gemaakt.

Maandenlang hebben we gewikt en gewogen en uiteindelijk de knoop doorgehakt: de jongste krijgt voor haar zesde verjaardag een kitten. We betrekken de oudste in het complot en gaan met haar naar een nestje kijken. Ze vindt het duidelijk eng als we gaan kijken en vlak voordat we er zijn, zegt ze plots: 'Hebben ze ook een hond? Want dan ga ik niet naar binnen, hoor.' Maar ik kan haar geruststellen, kattenliefhebbers hebben meestal geen honden in huis. Al snel jaagt ze achter het meest schuwe kitten aan, het kleine mormel laat zich nauwelijks zien en al helemaal niet vangen. Dus besluit ze: 'Dat wordt hem.' Mijn pogingen om haar op andere gedachten te brengen stranden hopeloos, ze is overtuigd en weigert resoluut te switchen. Nu maar hopen dat het straks wel een aaibaar exemplaar is.

Drie weken later maakt ons Mobje haar opwachting. De eerste dagen brengt ze door onder de piano. Mijn twee meiden liggen er op hun buik voor en roepen 'O!' en 'Ah!' Ons grote meisje kan zo langzaamaan wennen, maar voor de jongste is het wel een ontgoocheling. Gelukkig heeft ze een groot hart, dus als ik vertel dat het eigenlijk nog maar een babypoesje is dat nu opeens in een ander huis woont, zonder haar mama, begrijpt ze onmiddellijk dat we Mobje een beetje tijd moeten gunnen. Na een week wordt het kleintje vrijer en gaat ze zich meer door het huis bewegen. Ze komt nog niet op schoot, laat zich wel door

"

mij maar nog niet door de kinderen aaien, maar ze komt wel steeds meer bij ons wonen. Precies de goede poes dus, die niet onverwachts de oudste gaat bespringen maar wel sociaal genoeg is om straks met de jongste te knuffelen. Nu alleen nog de oudste de tijd gunnen om aan de poes te wennen.

'Mag ik haar eten geven?' vraagt ze op een dag. En natuurlijk mag dat. De poes draait om haar benen, wat haar doet dansen van ellende. Toch zet ze door. Ik zie haar schutteren met het etensbakje in haar handen. Hoe krijg je dat op de grond als de poes zo om je heen draait? 'Mama, haal jij de poes even weg? Dan kan ik het eten neerzetten.' Natuurlijk leid ik de poes even af en hoppekee daar staat het bakje op zijn plaats. Victorie!

'Kom maar, Mobje, kom maar op schoot.' Zowaar, de poes springt voorzichtig op de bank en stapt op de benen van mijn oudste. Ze draait wat rond en vleit zich dan behaaglijk neer. Dochterlief aait het beest behoedzaam – alert op onverhoedse bewegingen – maar ze aait haar. 'Oei, ze kijkt naar mij. Wat nou?' 'Ik denk dat ze je zo laat zien dat ze het lekker vindt wat je doet, ga maar gewoon door met aaien.' De poes beweegt een pootje. 'Nee, Mobje, nee, niet doen!' klinkt het meteen superstreng. Poeslief dient namelijk wel precies te blijven waar ze is.

'Nee, nee, doe die deur dicht, kijk nou uit!' Het loopt tegen het eind van de middag en ze is als de dood dat de poes boven is tegen de tijd dat ze naar bed gaat. Daarom begint ze uren van tevoren met de voorzorgsmaatregel deur-naar-boven-dichthouden. 'Waar is Mobje?' is dan ook de laatste vraag van de dag. En toch, zoveel vooruitgang in die paar maanden tijd, het is meer dan ik had durven dromen.

PUINHOOP

'Na het ontbijt gaan we samen jouw kamer opruimen en je bed weer gewoon maken.' 'Nee mama, nee, dat is veel te veel, dat kan ik echt niet.' 'We gaan het samen doen. Je hoeft niet in je eentje op te ruimen, ik help je.' 'Oké, dan doe jij mijn bureau en onder mijn bed en ik de rest.' Dat lijkt me een goede deal. Ze zegt nog één keer nadrukkelijk 'Jij doet alles onder mijn bed, hè?' en ik, naïef als ik op dat moment nog ben, bevestig dat. Sinds een paar weken slaapt mijn oudste als de prinses op de erwt. Ze heeft het logeermatras naar haar bed gesleept en daarbovenop nog eens drie enorme kussens gelegd. Zo ligt ze nu torenhoog 'prinsesselijk' te slapen. Ze heeft iets met haar bed. Als kleintje vond ze het nooit erg om naar bed te gaan, ze vroeg er soms zelf om. Niet dat ze meteen ging slapen, vaak lag ze nog een uur lang te zingen. Waarschijnlijk houdt ze van de beslotenheid, de grens die het bed aangeeft. Net zoals ze dat met badderen en autorijden heeft.

Ze wil niets aan de muur hebben en dat maakt haar kinderkamer wel wat kaal. Nou ja, dat vinden anderen vooral, ik kan haar behoefte aan rust op dat gebied wel respecteren. Totdat ze een jaar of vier was, mocht alleen slaappop in haar bed, later kwam haar wekker daarbij. Maar op een dag sleepte ze haar halve speelgoedkist in bed en sinds-dien is het hek van de dam. Ze omringt zich met stapels papier, knut-selspullen, foto's, kleine hebbedingetjes, cd's en tijdelijke schatten. Bovendien kalkt ze met pen en stift haar bedframe vol met wat haar bezig-houdt, wat ze niet wil vergeten, op wie ze boos of verliefd is of zomaar met golfjes en geometrische figuren. Elke zaterdag is opruimdag, alles wat daarna nog op de grond of los in bed ligt, mag in een vuilniszak en weg. Kleren die niet in de wasmand liggen, worden niet gewassen. Dat werkt goed. Maar met dat prinsessenbed heeft de rotzooi zich op-gestapeld. En eerlijk gezegd is het er de afgelopen weken ook bij mij bij ingeschoten om consequent op te ruimen. Daarom: hoogste tijd voor een gezamenlijke actie.

Wanneer we het matras en de kussens verwijderen, komt er zoals verwacht een enorme berg rotzooi tevoorschijn, en met enig ritueel tegenstribbelen begint mijn meisje dapper op te ruimen. Ik zak door mijn knieën om onder het bed te kijken. In shock val ik om. Er heeft zich daar in die weken een onbeschrijflijke puinhoop verzameld. Stiften en kleurpotloden natuurlijk, maar ook veren van een half vergane boa, kiezelstenen, proppen papier, nietjes, pennen, brokken klei, een knuffel zonder kop, stiftdoppen, een slakkenhuis, twee lijmstiften, puzzelboeken, schelpen, notitieblaadjes, knikkers, drie scharen en nog veel meer ligt decimetershoog opgetast onder het bed. Plotseling komt het akelig dichtbij hoe mensen kunnen vervuilen in hun eigen huis. Als de vaste structuren verdwijnen is blijkbaar het hek van de dam. Hoe lang zou ze onze hulp daarbij nodig hebben? Met een zucht verdrijf ik de zorgen voor morgen. Aan de slag, we gaan het weer eens even piekfijn in orde maken voor haar.

KLEIEN

'Volgende week mag ik mijn kleiwerkstuk mee naar huis nemen. Het moet eerst nog drogen.' Mijn oudste zegt het met een mengeling van trots en nors en sluit het onderwerp daarmee meteen af. We komen net terug van haar bezoek aan de kunstzinnig therapeut, ik probeer nog 'Goh leuk, ik ben benieuwd! Wat heb je gemaakt?' Maar daar komt alleen een 'Dat zie je volgende week wel' op terug. Even denk ik weer terug aan de keer dat ze een dagdeel lang was onderworpen aan een intelligentieonderzoek en ik haar vroeg hoe het was gegaan. Zesenhalf jaar oud antwoordde ze me: 'Dat hoef ik je niet te zeggen, dat is iets tussen mij en die mevrouwen. Trouwens, dat lees je wel in het verslag.' En ze ging over tot de orde van de dag. Zo gaat het eigenlijk altijd, ze vertelt zelden of nooit over wat ze heeft beleefd. Niet op school, niet na een logeerpartij bij oma, niet na een voorstelling, niet na een doktersbezoek of een optreden. Ik ben eraan gewend geraakt, al probeer ik haar op slinkse wijze regelmatig te verleiden tot een gesprekje.

Wanneer ze de week erop haar kloeke kasteel showt, is ze apetrots. Het doet me deugd haar zo blij te zien met iets dat ze zelf gemaakt heeft. Ze is niet zo'n knutselliefhebber. We geven het een mooi plekje in huis, zodat we het goed kunnen bewonderen. De volgende ochtend staat ze peinzend met het ding in haar handen. 'Wat heb je er eigenlijk aan? Ik bedoel, dan heb je het gemaakt en wat moet je er dan mee?' Eerlijk gezegd sta ik met mijn mond vol tanden. Mijn pogingen tot zingeving bevallen haar geen van alle. 'Of je geeft het weg om er iemand anders blij mee te maken', is mijn laatste troef. 'En wat doen die er dan mee?' vraagt ze argwanend. 'Nou, ze zetten het ergens neer om ernaar te kijken. En als ze het zien, denken ze meteen ook even aan degene van wie ze het hebben gekregen. Daar worden ze blij van.' Dat laat ze even bezinken. Haar gezicht klaart

op. 'Ik weet het, ik geef het aan juf!' En ze mompelt er nog achteraan:
'Dan is het ook meteen het huis uit.'

CASPER

'Mama, volgend jaar wil ik stoppen met volksdansen.' 'Eindelijk!' zucht ik in stilte, want dat volksdansen vond ik niet echt passen bij mijn stoere meisje. Maar ja, bijna alle meisjes uit haar klas gingen volksdansen, dus vond zij dat ze niet kon achterblijven. 'Dan ga ik turnen of paardrijden', zegt ze met een stalen gezicht. 'Paardrijden? Hoe dat zo?' Want zeg nou zelf, dat ligt niet echt voor de hand als je op vrijwel alle dieren panisch reageert. Er blijken twee meiden uit haar klas op paardrijden te zitten en dat is blijkbaar voldoende reden om het ook te willen. Ik laat het verder rusten, zo'n eerste oprisping is niet serieus te nemen.

De weken erna klinkt het regelmatig: 'Mam, volgend jaar ga ik paardrijden, hè? Of turnen, dat weet ik nog niet. Ik denk paardrijden.' Hm, het begint zich aardig vast te zetten in haar hoofd, als dat zo is dan zijn we nog niet jarig. Ik zie haar namelijk niet zomaar op gewone paardrijles gaan. Dat wordt een drama. Maar ik ben ook verheugd dat ze zoiets wil, dat ze in die richting durft te denken. Dan belt een vriendin van me, speltherapeute van beroep. Ik vraag haar wel eens raad als het mijn oudste betreft. De laatste keer bij de psychiater werd het belang van 'moed-spelletjes' benadrukt en ik had aan mijn vriendin gevraagd of ze daar nog tips voor had. 'Ik heb nog eens zitten denken aan hoe je moed kunt ontwikkelen en ik ben zo vrij geweest contact te zoeken met een collega die haar paard heeft opgeleid om therapeutisch ingezet te worden. Ik denk dat het heel geschikt is voor jouw dochter.' Equitherapie blijkt een hele wereld op zich, in Duitsland is het heel gewoon dat kinderen er vanuit school naartoe gestuurd worden. Bij ons staat het nog in de kinderschoenen. Ik sta perplex, soms zweeft er iets in de lucht dat opgepikt wordt, dat blijkt maar weer. Ik ga op onderzoek uit.

Op tien minuten fietsen, iets buiten het dorp, achter een grote villa die een tweede leven leidt als groepsaccommodatie, stuit ik op een sprookjesachtige plek. Met in mijn rug de beschutting van een bomenrand ga ik zitten op een omgevallen boom die nu dienstdoet als knoestige bank en ik geniet van een fabelachtig uitzicht over de weilanden. Een hoge lucht met vage wolkenslierten en een ondergaande zon completeert het geheel. Wanneer de equitherapeute mij een krachtige hand geeft, hoef ik eigenlijk geen woord meer met haar te wisselen. Dit lijkt me een heerlijke plek voor mijn oudste. Ze is hier in goede handen.

Een paar weken later fietsen we er samen naartoe, om te gaan kijken of ze echt nog steeds iets met paarden wil gaan doen. 'Waarom moeten we nou op de fiets? Hoe ver is het dan? Moeten we ook over het spoor? Ik wil gewoon niet fietsen. Mag ik bij jou achterop?' *Diep ademhalen, dapper doorzetten, blijven glimlachen, blijven geloven, niet versagen.* 'Is het hier? En nu, wat gaan we nu doen? Alleen maar kijken? Zijn we daarvoor helemaal naar hier gefietst? Dat is toch ook zonde. Gaan we weer weg? Ik vind het stom hoor, wat moeten we hier nou?' Ik ga zitten, probeer er alleen maar 'te zijn' en wacht totdat de vragenstroom stopt en de omgeving de kans krijgt in te werken op haar onrustige gemoed. 'Zijn al die paarden van die mevrouw? Op welk paard ga ik dan rijden? Hoe weet jij dat hij Casper heet? Beginnen we niet eerst op een pony? Ze zijn wel groot, hoor. Dat doen ze nooit, je begint altijd eerst op een pony, dat heeft Sandra zelf gezegd. Hoe weet jij dat eigenlijk allemaal? Waarom is die mevrouw er dan niet? Waar is ze dan? Woont ze niet hier? Waarom zijn we hier eigenlijk?'

Op het vragenformulier vult ze de volgende dag in:

Geef aan wat voor jou van toepassing is (1 = helemaal niet mee eens en
10 = helemaal mee eens):
  1. Ik wil het – 4
  2. Ik kan het – 2
  3. Ik durf het – 1
  4. Ik doe het – 9

Waar kunnen Casper en ik je bij helpen?

Om niet meer zoveel bang te zijn.

Waar moeten we rekening mee houden?

Ik wil niet dat hij me likt, dat vind ik vies. En dat hij niet op me af komt rennen, het paard.

RELAXED

'Gaan we alsjeblieft niet op de fiets?' zegt mijn oudste en ze kijkt me smekend aan. Elke zaterdagmorgen gaan we naar de paardenmevrouw en ik haast me door het huis op zoek naar de rubberlaarzen die telkens weer kwijt zijn. Ik baal, ik ben alweer te laat om op de fiets te gaan en het zou juist zo'n goed therapeutisch ritje zijn. 'Vandaag gaan we met de auto.' 'Joepie!' juicht ze vrolijk, om er in één adem op te laten volgen: 'Waarom eigenlijk?'

Op het rechte stuk geef ik wat extra gas en meteen klinkt naast me: 'Je mag hier maar 50 hoor, geen 52. Komen we eigenlijk wel op tijd, we moeten er toch om 11 uur zijn, het is nu 2 voor 11, halen we dat wel, hoe lang is het nog?' Elke week dezelfde riedel, ik hoor het zwijgend aan en probeer me niet te ergeren. Zouden er nog auto's met analoge klokken gemaakt worden, vraag ik me ondertussen af. Dat wordt dan het selectiecriterium als we nog eens een auto kopen, lijkt me.

Als ik haar anderhalf uur later ophaal, staat ze met een fijne mengeling van spanning en plezier tot boven haar enkels in de modder te soppen. 'Oei, ik viel bijna om. Hellepie, ik kan nergens meer heen. O nee, o nee, ik word helemaal vastgezogen.' En met veel gevoel voor drama wankelt ze naar de overkant en vleit ze zich tegen me aan. Ze ruimt het halster op, hangt haar cap aan de boom, tilt het zadel in het busje en het valt me op hoe rustig het lijfje is. Alsof het zwaartepunt van het hoofd naar de knieën is gezakt en ze bovendien ronder en zachter geworden is. Ik krijg een heerlijk relaxed meisje mee naar huis. Dank je wel, Casper!

Thuisgekomen begroet ze haar zusje allerhartelijkst en ze gaan samen boven spelen. Ze gaan wat? Ze gaan samen boven spelen! Samen, dus met zijn tweeën en zonder dat ik dat gesuggereerd heb of ze daartoe heb aangezet. Boven, dus niet achter mijn hakken of bij me aan de keukentafel, maar buiten mijn gezichtsveld. Spelen, al heb ik geen idee wat ze gaan doen, juist daarom ben ik nu al blij. Na tien minuten nog steeds geen gekrijs. Weet je wat, ik ga de krant lezen en dan zie ik wel hoe lang mij rust gegund is.

Een kwartier later voel ik een weldadige rust in mij varen. Ik zit met de zaterdagkrant voor mijn neus, een kopje koffie erbij en lees bladzijde na bladzijde. Ik weet niet wat me overkomt, de zon staat laag en betovert het licht in de huiskamer, ik vraag me niet langer af hoe lang deze idylle voortduurt, maar geniet met volle teugen. Laat het stof maar liggen, geen zorgen over wat er nog allemaal moet, onverwacht even vrijaf, wat een cadeau!

'Mam, mogen we boven eten?' en op zo'n vreedzame zaterdag mag dat natuurlijk. 'Je moet niet schrikken als je het komt brengen, want we gaan op de logeerkamer iets bijzonders doen.' Meestal belooft dat niet veel goeds, maar oké, ik zal wel zien. Ik smeer boterhammen, versier de borden met wat stukjes fruit – vooruit, een snoepje erbij – en zet de glazen sinaasappelsap op het dienblad. Boven gekomen tref ik de meisjes met een gelukzalige glimlach aan. Zie ze daar liggen in hun onderbroekjes op het logeerbed, overspoeld door de heldere winterzon. 'Kijk, mam, we hebben een zonnebank gemaakt!' roepen ze blij.

Die middag lees ik tweeënhalf uur in de krant, ik ruim in alle rust het huis op en vouw drie manden was. Een dag met een gouden randje.

WIEBELTAND

'Woeha, moet je eens kijken hoe hard mijn tand wiebelt!' En zowaar, er zit een millimeter beweging in de linkersnijtand naast haar verse voortanden. 'Nee, niet aankomen!' 'Ik zou niet durven. Ik zal kijken met mijn handen op de rug.' Bij elke tand die gewisseld moet worden, voelt ze zich het achtste wereldwonder. En niet alleen in positieve zin, want het is vooral ook heel erg eng. In de weken die volgen, houdt ze me nauwgezet op de hoogte. Als plots de informatiestroom stokt, weet ik dan ook hoe laat het is.

'Hoe is het met je wiebeltand?' 'Ja goed, die andere wiebelt nu ook' en ze wijst haar rechtersnijtand aan. 'O mooi, dat gaat goed. Mag ik even voelen om te kijken hoe los ze zitten?' 'Nee, dat wil ik niet. Kijk, ik laat het je wel zien.' 'Schat, daar zie ik helemaal niks van, laat me maar even voelen.' Schoorvoetend gaat ze akkoord, als ik beloof niet hard te duwen. De rechtertand is inderdaad ook een heel klein beetje begonnen met wiebelen, maar gek genoeg is de linker niet echt veel verder. 'Wiebel je ze wel eens met je tong of je vinger?' 'Ja, dat doe ik echt wel.' Geërgerd keert ze zich van me af.

De eerste tanden lukte het nog om haar af en toe een handje te helpen, maar nu staat ze dat niet meer toe. De laatste keer dreigde een losse tand weer vast te groeien, dat blijkt te kunnen, en hielp het ultimatum van de tandarts. Ze kreeg twee weken de tijd om de tand eruit te wiebelen, anders zou hij getrokken worden. Twee weken ellende, huilbuien en voor haar één groot gevecht om tussen twee kwaden te kiezen. Op de ochtend van D-day ging de tand eruit.

'Weet je nog wat de tandarts de vorige keer heeft gezegd?' 'O nee, o nee, ik ga echt niet tandduwen. Dat wil ik niet. Moet dat echt, mam?' Eerst klinkt ze nog ferm en vastbesloten, maar ze eindigt met een klein benauwd stemmetje. 'Als je niet wilt dat je tand getrokken wordt, moet je hem helpen.' 'Oké dan, maar ik doe het zelf. En ik doe het wel 's avonds in bed. Jij hoeft er niet bij te zijn en ik wil ook niet dat je gaat voelen.' Zucht, daar gaan we weer. Want ik *weet* dat ze het niet gaat doen en ik weet hoe ellendig ze is als die tand er straks bij de tandarts uit moet. Maar er is al zoveel om strijd over te voeren... Ik denk dat ik het deze keer maar zo laat.

Sorry tandarts, sorry kind, ik heb even geen moed.

SLAAPPOP

We hebben een huisje gekocht in Frankrijk. Nou ja, een huisje, een houten chalet op een kasteelcamping. We hopen dat het de goede mix gaat worden van vertrouwd, afwisseling en avontuur en dat de vakanties daarmee minder moeizaam verlopen. Het is alleen wel een dikke dag rijden omdat ik graag een plek wil met een redelijke zonkans. Dat hebben we nog nooit gedaan met de kinderen. Ik laat foto's zien van het huisje, we bekijken samen de website van de camping en ik vertel dat we echt een hele dag in de auto gaan zitten. De *hele* dag. En dat we drie keer stoppen, twee keer kort en een keer lang, om te rennen en lekkere broodjes te eten en gymnastiekoefeningen te doen. Grote, gretige ogen kijken me aan en ik zie dat ze het een spannend maar ook overzichtelijk avontuur vindt. Want de auto, die kent ze en de begrenzing die daarmee samenhangt ervaart ze als prettig. 'Mag slaappop ook mee?' 'Natuurlijk mag die mee', en dan is het goed. Want waar slaappop is, daar is het goed.

Middagspits op de *périphérique* van Parijs. De zon brandt op de auto, we gaan stapvoets voorwaarts met de ramen wagenwijd open. Het gaat goed, de stemming is opperbest en als we voorbij Parijs zijn, gaan we de beloofde lange stop maken. 'Kijk daar, Parijs aan onze voeten!' Maar omdat ze de stad nog niet kennen, zegt het ze niks. Geeft niet, we gaan hier nog vaker langskomen. Ik krijg er vertrouwen in en word steeds rustiger. Met twee vingers aan het stuur manoeuvreer ik ons door het verkeer. Dan opeens een ijselijke kreet 'Maaaam!' Ik schrik, maar roep mezelf meteen tot de orde. Er *kan* niets ernstigs aan de hand zijn, want we zitten gewoon met zijn allen in de auto en kunnen nergens heen. 'Mama, mama, slaappop!!!' 'Wat is er, is slaappop gevallen, pak hem maar gewoon van de grond.' 'Neeee, hij ligt buiten!!!' 'Buiten? Dat kan niet, we zijn binnen.' 'Hij is uit het raam gevallen!' En haar gesnik gaat over in gierende uithalen die door merg en been gaan.

Dit vraagt om onmiddellijke actie, want – tik-tak-tik doen de hersenen – vakantie zonder slaappop wordt een drama. Even flitst het door me heen dat het misschien een uitgelezen moment is om haar van haar verslaving aan dat vod af te helpen, maar meteen zie ik de inspanning die dat voor ons gaat betekenen: een vakantie die voor het hele gezin in het water valt. Daar komt bij dat mijn meisje deze nieuwe plek dan associeert met het ellendige gevoel slaappop kwijt te zijn. Terwijl we ons nu juist voor langere tijd willen verbinden met dat huisje. Dus *boem* ik trap op de rem en zet de auto op de vluchtstrook. Ik ben blij dat er file is, dat geeft me een kleine kans op succes. Ik ren terug, speurend naar een rood mutsje op zwart asfalt, verbaasde blikken van fransozen negerend. Daar! Hij ligt op de stippelstrook tussen de eerste en tweede rijbaan. Als ik de eerste rij weet te stoppen, kan ik erbij. Met mijn allervriendelijkste dwingende glimlach kijk ik de bestuurders aan en als een volleerd verkeersagent steek ik mijn hand omhoog. Full stop, gelukt! Ik gris het stukgeknuffelde lappenpopje van de weg, dank de automobilist met een gracieuze buiging en sprint terug. Ik ben voor eeuwig de held van mijn dochter.

ZUCHT

'Ik had toch gezegd dat ik sinaasappelsap wilde!' Zucht, alweer een grauw en een snauw en we zijn pas bij het ontbijt. Al dagenlang komt er geen fatsoenlijk vriendelijk woord uit. 'Pak het maar even, het staat in de koelkast.' 'Waarom moet ik dat doen?' donderwolkt ze terug. 'Wil je niet zo boos tegen me doen? Als jij graag sinaasappelsap wilt, kun je dat gewoon even halen.' Kreunend en steunend alsof haar het grootste onrecht ter wereld wordt aangedaan, hijst ze zichzelf overeind en tergend langzaam overbrugt ze de zeven stappen van de tafel naar de keuken. En weer terug.

Ondertussen verdeel ik de croissants die we net bij de bakker hebben gehaald. 'Dat is niet eerlijk, ik wil een andere. Ik wil *die*' – ze wijst op het bord van haar zus – 'want die van mij is veel kleiner. En hij is ook stuk.' Het slaat nergens op, het puntje in het midden steekt bij haar een beetje uit en misschien is er ergens een schilfer afgevallen. Het is verdorie te gek dat ik ze nog sta te vergelijken ook... 'Ze zijn allemaal even groot, het is goed zo', zeg ik gedecideerd en ik probeer niet te hard in haar hand te knijpen als ik hem terug naar haar eigen bord leid. 'Au! Je doet me pijn!' gilt ze. Ook al weet ik dat het niet waar is, toch schaam ik me voor de buren. Dunne muurtjes op de camping. 'Voordat je naar de Kids Club gaat even je haren kammen, hè.' 'Jahaa, dat weet ik ook wel', zegt ze boos en haar ogen spuwen vuur. Ik verbijt mijn opgestapelde woede. Nog even volhouden, ze is bijna weg. Over een paar minuten kan ik weer ademhalen. Eigenlijk moet ik haar nu vermanend toespreken, maar ik breng het niet meer op. 'Doeg, ik ben weg. Wel thuisblijven, hè? Je bent toch wel thuis als ik terugkom?' Ik heb zin om even olie op het vuur te gooien en te zeggen dat ik dat nog niet weet, maar ik doe het niet. De komende tweeënhalf uur zijn van mij. Van mij alleen.

Daar gaat ze. Laat haar alsjeblieft lang wegblijven. Als ze nog één seconde langer in mijn buurt gebleven was, had ik haar aangevlogen.
Liefst gooide ik haar nog een steen na, maar ik houd me in. Meteen
voel ik me schuldig, zo mag je niet denken over je kind. Maar ik heb
zo verschrikkelijk genoeg van haar, ik ben even niet voor rede vatbaar.
Mijn lijf zit helemaal op slot, met grote moeite komt er een beetje adem
binnen om vervolgens niet te weten waar het naartoe moet.

Ontspannen nu, ruimte maken, laad je op want anders loop je leeg.
Ik weet niet meer waar ik het vandaan moet halen. Ik zweef niet en toch
voel ik de stoel niet waarin ik zit. Mijn buik is een groot betonblok, mijn
keel zit dichtgeschroefd, in mijn hoofd woedt een zuidwesterstorm. Ik
sluit mijn ogen, een diepe zucht ontsnapt, het bloed dat onder mijn
nagels is opgehoopt, begint langzaam weer te stromen.

VAKANTIE II

'Mama, ik heb zo'n buikpijn, ik voel me niet zo lekker.' Na drie succesvolle zomers in ons vaste vakantiehuisje zijn we op weg naar een nieuwe stek voor de laatste vakantieweek. We nemen willens en wetens een risico, maar we hebben per ongeluk ons huisje wat onhandig verhuurd. Bij wijze van experiment verkassen we een week. Zoveel zomers op één vaste plek geeft misschien genoeg houvast om eens af te wijken van het patroon? Nou ja, dat houd ik mezelf althans voor. Ik vertel nog maar eens hoe het eruitziet, dat we daar ook 's ochtends croissantjes halen bij het winkeltje en dat er ook een zwembad en een Kids Club is. 'Maar daar gaat het niet om, mama', piept ze kleintjes. 'Ik heb gewoon buikpijn.' Ik snap dat ze het echt voelt. Dat het echt *is*. Ik krijg er zelf ook een beetje buikpijn van.

Wat als het ondanks de leuke website een vreselijke camping blijkt te zijn? Staat onze reservering van maanden geleden nog wel in het systeem? Heb ik het adres eigenlijk wel bij me? 'Kom op dame, vertrouw nu maar op je gedegen voorbereiding. Jij gaat niet over één nacht ijs', herpak ik mijzelf. Fijn dat ik dat kan, mezelf uit een *loopje* trekken. Nu mijn oudste nog.

Als de zomervakantie bijna is afgelopen, stroomt het dorp weer vol. Steeds klinkt de vraag: 'En? Fijne vakantie gehad? Weer lekker helemaal bijgekomen?' Straks op het schoolplein mompel ik me er niet meer zo gemakkelijk onderuit. Ik kijk uit naar de eerste schooldag, maar zie verschrikkelijk op tegen het gezellige geklets van de moeders op het schoolplein... Zomervakantie met onze dochter is eerder overleven dan beleven. Maar dat leg je niet een-twee-drie uit tijdens *small talk*.

Wat mij ook parten speelt, is dat ik zou willen dat ik enthousiast kon verhalen over een wandeltrektocht met een ezeltje en idyllische picknicks onderweg. Maar wij zijn gewoon weer naar ons huisje in Frankrijk geweest. Met een mislukt experiment van een week aan zee. De weken in ons huisje waren dit jaar ook niet wolkeloos, en dan heb ik het niet over het weer. We hebben een moeizame zomer achter de rug, met een kind dat wiebelig en angstig was. Soms ging het even goed, een uur, een paar uur, een dag misschien. Maar het was lastig manoeuvreren. Ik heb vaak gesnakt naar ademruimte. Ik ben blij dat die lange, lange vakantie weer voorbij is en we over kunnen gaan tot de orde van de dag. Maar dat leg je niet zomaar uit als ze vragen hoe je vakantie is geweest.

KIJKEN

'Eigenlijk heb ik geen zin om te koken. Wat zullen we doen, chinees of patat?' Glunderend kijkt ze me aan. 'Patat! Patat natuurlijk. Echt? Mag het?' We fietsen met zijn tweetjes naar huis, want mijn lief brengt de jongste voor een logeerpartij naar oma. 'Weet je wat, we fietsen meteen door naar de snackbar.' 'Hoe moeten we fietsen, dan? Weet je dat wel?' Geduldig schets ik haar de route die ze zelf ook zou kunnen bedenken. 'Mam,' begint ze voorzichtig, 'zullen we het dan daar opeten?' 'Dat is goed, dat doen we.' 'Wat?! Echt? O mam, dankjewel, je bent een super-mama, dat mag nooit van jou en nu opeens wel! Waarom eigenlijk?'

'Mam, kijk, dat daar is ons tafeltje', en ze vliegt erheen om haar jas uit te doen. 'Mag ik betalen?' Bij de kassa vertelt ze uitgebreid hoe blij ze is dat we daar blijven eten. En ze bestelt er meteen ook iets te drinken bij, de smiecht. 'Mam, haha, je mag je jas wel uitdoen, hoor', zegt ze als we in de tochtige snackbar aan het door haar uitgezochte tafeltje gaan zitten. Ze is helemaal 'uit'. 'Mooie lange oorbellen heb jij', spreekt ze de tieners naast ons aan, en ook: 'Jij hebt allemaal gaatjes in je oren. Heb je ook een tongpiercing? Waarom heb je eigenlijk zoveel oorbel-len?' Dan keert ze zich fluisterend tot mij. 'Zijn zij verliefd of zo?' 'Nee, dat denk ik niet, het lijken me goede vriendinnen.' De meisjes staan op. 'Zijn jullie vriendinnen?' vraagt mijn dochter nog gauw. 'Maar ze keken wel heel lief naar elkaar, dan zijn ze toch verliefd?' 'Ik denk dat ze elkaar vooral heel aardig aankijken, omdat het vriendinnen zijn.' 'O ja', en ein-delijk gaan de eerste frietjes naar binnen. Na drie keer kauwen valt ze stil en na een *freeze* van een paar seconden zegt ze: 'Er zijn hier zeven-tien mensen en ik ben het enige kind, dat is gek! Waarom zijn er zo *veel* mensen? En waarom zijn er helemaal geen kinderen, behalve ik dan? O, kijk, daar komt nog een kind. Of, nou ja, een jongen. Waarom mag die helemaal alleen komen?' Twee frietjes. 'Denk je dat papa al thuis is? Moeten we hem niet even bellen want als hij nou thuiskomt als wij er niet zijn, wat dan?' Een slok. 'Je mag hier toch niet roken? Die jongen doet dat wel. En roken is toch ook heel slecht voor je? Waarom doet hij het dan? Hé, kijk, daar is Cees. Hallooo! Wij mogen het hier opeten en jij, wat ga jij doen?' De vader van het vriendinnetje antwoordt dat hij de patat mee naar huis neemt voor de hele familie. We leren haar wat de uitdrukking 'groen van jaloezie' betekent en dat het vriendinnetje niet echt groen wordt.

Er komt een jongen van een jaar of dertien binnen die aan de andere kant van de zaak drie giechelige meiden blijkt te kennen, maar hij weet niet of hij ze nou groeten moet of niet en of hij er wel of niet naartoe zal lopen. 'Wat is er met die jongen? Waarom lachen die meisjes hem uit? Hoe kent hij die meisjes? Zijn ze verliefd?' Het is inmiddels donker geworden en in de spiegeling van de ruit oefenen we hoe je kijkt bij 'verlegen' of 'boos' en hoe je kijkt naar iemand die aardig is. 'Waarom is het hier zo donker als je in het raam kijkt en daarginds zo licht? En waarom zien wij de kleuren niet in het raam?'

'Mama, kan hier ook brand komen? Als bijvoorbeeld grote jongens hier aan de zijkant vuur maken, kan het dan ook naar binnen komen? Of als je nou een sigaret zo, pft, op de stoel gooit, komt er dan brand? En is er dan overal vuur? En net op het randje bij de deur? Maar als het nou toch gebeurt, wat dan?' 'Van wie is deze snackbar eigenlijk? Waarom zegt die meneer dan dat hij zijn vrouw een beetje helpt? Hij is wel vrolijk, hè, die man bij de kassa, hij zegt tegen iedereen grappige dingen. Waarom doet hij dat, dat hoeft hij toch niet te doen?'

Dik een uur zitten we daar, te kijken, te praten en van het leven te leren. Ze ziet zoveel, mijn meisje, maar hemeltjelief wat moet ze nog veel leren interpreteren.

IN GESPREK

'Mama, weet je wat er net gebeurde toen ik... ma-ham, mama...' Zo goed en zo kwaad als het gaat richt ik mij op mijn gesprekspartner en blijf stoïcijns doorpraten. Mijn oudste staat erbij en tettert er dwars doorheen. Met een handgebaar probeer ik haar woordenstroom te stoppen. Zij vat het op als aandacht en begint opnieuw. 'Mama, weet je wat er net gebeurde toen ik...' Zo terloops mogelijk zeg ik rustig en beslist: 'Even wachten, ik ben in gesprek en zo meteen ben jij aan de beurt.' 'Ja, maar mama...' probeert ze opnieuw, maar ik wend me af en praat door, al weet ik niet meer goed waar ik de draad kan oppikken.

Gek word ik ervan, ze is nu bijna acht en ik krijg het haar niet geleerd. Ik weet wel dat ze het niet doet om mij dwars te zitten en ik weet ook dat het haar ontbreekt aan het invoelende vermogen om in te schatten wanneer ze kan inbreken in een gesprek en wanneer niet, maar toch stoort het me steeds meer. Steeds vaker schaam ik me, alsof ik zo'n ouder ben die haar kinderen niet leert zich in te houden wanneer volwassenen in gesprek zijn. En ik erger me omdat ik telkens weer gespreksruimte voor de jongste moet bevechten. We leven voor, we corrigeren consequent, we stellen regels en spreken gebaren af – maar het beklijft niet. Ik ben het even zat. Ik ben bang dat het nooit gaat lukken, ik heb zin het bijltje erbij neer te gooien, maar dat gaat niet.

LEZEN

Lezen is heerlijk. Klassiek verdwijnen in een wereld die niet de jouwe is, daar kan ik buitengewoon van genieten. Me laven aan de woorden van een ander, grinniken om mooie woordvondsten, meegaan in onverwachte wendingen, nieuwe inzichten verwerven of me eenvoudigweg ergeren aan andermans domheid. Dus toen ik kinderen kreeg, kon ik bijna niet wachten om ze al die mooie boeken te laten zien. En dan zijn kinderboeken ook nog eens op de meest uiteenlopende manieren prachtig geïllustreerd. Omdat ik weet hoezeer liefhebberij van ouders averechts kan uitwerken op hun kinderen, wilde ik ze natuurlijk niet pushen ☺ Maar voorlezen is heerlijk, toch? Voor ouder *en* kind een warm en intiem moment om even echt samen te zijn. En nog leerzaam ook. Toch? Niet bij mijn oudste. Dacht ik eerst nog dat ik te veel verwachtte, misschien zelfs te vroeg begon met voorlezen, al snel werd me duidelijk dat ze er niet om geeft. Ze dwaalt af, is niet geïnteresseerd in de plaatjes en weigert over het verhaal te praten of na te denken over hoe het verder gaat. Ik heb van alles geprobeerd, poëtische sfeervolle illustraties, botte rechttoe rechtaan verhaaltjes, compleet afgewerkte eenminuutminiaturen, spannende vervolgverhalen. Het is het allemaal niet. Dus vestigde ik mijn hoop op school en dacht dat er een wereld voor haar zou opengaan als ze zelf zou kunnen lezen.

In een gesprek met de juf word ik bruut van mijn illusie beroofd. 'Het is wel vreemd dat ze niet wil leren lezen, hè? Ik bedoel, ze loopt niet achter, maar ze zit echt onderin de middenmoot en gezien haar capaciteiten zou je daarmee toch zeggen dat ze daarin achterblijft. Leest ze thuis wel?' Ik stamel iets onsamenhangends en merk dat ik niet weet of ik nu teleurgesteld ben of me aangevallen voel. Want de eerlijkheid gebiedt me te zeggen dat ik het samen lezen met mijn kind een beetje heb opgegeven. En dat is natuurlijk niet zo fraai. Maar hoe motiveer ik een onwillig meisje dusdanig dat ze niet voor altijd een hekel aan boeken krijgt?

Want waar gaat dit nou over? Toen ze tweeënhalf was, heeft ze zichzelf in drie maanden tijd alle letters geleerd. Met vier jaar zong ze van eigengemaakte partituren waarin de letters opa, oma, papa, mama en meisjelief groter groeiden en heen en weer dansten. Toen ze vijf was, schreef ze woedend 'sjokopasta' op het boodschappenbriefje omdat ik die weer eens vergeten was te kopen. Maar wanneer ik haar stimuleer mee te lezen in een boek, dan roept ze boos: 'Dat is veel te gemakkelijk', 'Dat kan ik niet' of 'Dat kun je toch zelf lezen.' Heeft het te maken met het zich moeilijk kunnen verplaatsen in anderen (en dus ook in romanfiguren) of met haar gebrek aan fantasie, en dus niet mee kunnen gaan in een verhaal? Komt het dus door haar autisme? Of weet ze wat ze nog niet kan en legt ze de lat te hoog en hangt dat samen met haar meer dan gemiddelde intelligentie? Of heeft ze domweg een hekel aan het geschreven woord en is ze zo sterk visueel ingesteld – want dat is ze – dat ze zich het lezen via strips en op multimedia-achtige wijze eigen zal moeten maken? Ik kom er nog niet uit.

AANDACHT

Maandag

'Gecondoleerd met het verlies van jullie broer en zwager', zegt de juf.
'Jullie dochter is er erg van ontdaan. Is hij erg plotseling gestorven?' Ik
ben met stomheid geslagen. Mijn zwager dood, wanneer dan? Dan
komt de aap uit de mouw, meisjelief had zich op het schoolplein afzij-
dig gehouden en een bedrukte indruk gemaakt. Toen juf vroeg wat er
aan de hand was, heeft ze in alle ernst verteld dat haar oom is gestorven en dat ze daar veel aan moet denken. Ik stel juf gerust, het is niet
waar, maar we zijn allebei wel even van ons stuk.

Dinsdagavond

Morgen hebben we het tienminutengesprek met juf, waarvoor bij ons
een uur uitgetrokken wordt. Ik heb het expres bij het avondeten laten
vallen, omdat ik benieuwd ben of mijn oudste naar aanleiding van
het akkefietje van gisteren nog behoefte heeft iets recht te zetten. Bij
het slapengaan begint ze inderdaad over de juf en over school en na
wat omtrekkende bewegingen barst ze plots in snikken uit. 'Ik ben het
stoutste kind van de klas. Nou ja, van de meisjes dan. Iedere keer staat
mijn naam op het bord, soms zelfs met streepjes erachter, en ik *wil* dat
niet. Ik doe zo mijn best, maar het lukt gewoon niet. Dat komt ook
omdat ik me zo verveel met rekenen. Dan moeten we een som doen
en dan ben ik hoep-hoep klaar, dan kijk ik rond en is iedereen nog
bezig. Nou, dan ga ik het nog maar een keer overdoen en dan ga ik
juist fouten maken of dan krijg ik op mijn kop omdat de lijntjes te dik
zijn omdat ik er nog eens over ben gegaan met mijn pen.' Dat is iets
heel anders dan ik verwachtte.

Woensdag

Juf kijkt me met grote ogen aan terwijl ik mijn relaas doe en zegt: 'Ik herken *helemaal* niets van dit verhaal.' En ik geloof haar.

Donderdag

Tring, oma aan de telefoon. 'Ik bel even om te horen hoe het mijn kleindochter is. Ik maak me toch een beetje zorgen.' Nou ja, dat kan, ik informeer even waar precies de bezorgdheid over gaat. 'Ze vertelde dat ze op school tussen twee jongens geplaatst is die nogal vervelend zijn. Ze heeft het al een paar keer tegen de juf gezegd, maar pas na de va-kantie zou er gewisseld worden. Ik hoop zo voor haar dat ze nu een fi jn plekje heeft.' Huh? Ze zit sinds de zomervakantie naast de aardigste jongen van de klas, die nog hartstikke slim is ook. Ik geef mijn dochter de telefoon en zeg niks. Ze loopt er meteen mee naar de gang en als ze even later terugkomt, drukt ze het ding met tegenzin in mijn hand. Oma nog steeds. 'Nou, ze zegt dat een van de jongetjes nu vervangen is door een vriendin. Geloof jij dat dan niet? Denk je echt dat ze maar wat zegt?'

We zijn gewend haar verhalen met een pak zout te nemen en altijd goed door te vragen om erachter te komen wat waar is en wat niet. Maar zo bont heeft ze het nog niet gemaakt. Drie keer in een week heeft ze volwassenen – die al alert zijn – om de tuin geleid. De moed zakt me in de schoenen. Waar gaat dit over? Zijn het zorgen die in haar hoofd een eigen leven gaan leiden? Is het behoefte aan aandacht? Ze zeggen dat mensen met autisme niet kunnen liegen. Dan heeft mijn dochter denk ik alsnog geen autisme. Potdikke, ik laat me toch niet in de luren leggen door een zevenjarige aap? Hoogste tijd voor een goed gesprek.

In het weekend hebben we samen een goede dag. Haar zus is twee nachten uit logeren bij oma en we rommelen samen de dag door. Voor het eerst lijkt het te werken om haar alleen te hebben. De psychiater zei al eens dat dit soort kinderen het liefst enig kind is, maar tot nu toe was het dan alsof ik alleen maar nog meer opgeslokt werd. Nu niet. Ze is rustiger dan ooit. Alsof de wetenschap dat ze me voor langere tijd voor zichzelf heeft haar de rust geeft om ervan te kunnen genieten. Altijd is ze bang tekort te komen, gaat het in haar ogen niet eerlijk of moet ze – naar haar idee – mij snel-snel claimen om me niet te hoeven delen met anderen. Niet dat ze zich nu zelf vermaakt, dat gaat misschien wel nooit lukken. Maar als we samen op de fiets een boodschap gaan doen en bij wijze van verrassing een ijsje eten op een terras, zit ze rustig naast me naar de voorbijgangers te kijken. Dat is wel eens anders geweest. Af en toe wisselen we een woord. Het is superidyllisch. Net echt.

Bij het avondeten raken we echt in gesprek. Via haar vraag 'Hoeveel vriendjes heb jij gehad?' komen we uit op de verschillen tussen zoenen en vrijen en waarom je niet met iedereen hupsakee bloot in bed gaat liggen. Ze vertelt over een nare droom waar ze nooit meer aan wil denken en de plastisch seksuele verwijzingen die daarin voorkomen brengen ons bij de vroegtijdige ervaring die ze als vijfjarige heeft opgedaan met een jongen uit de buurt. 'Ik vind het wel spijtig dat ik toen tegen jou gejokt heb dat we vadertje en moedertje speelden', zegt ze voor het eerst. Plotsklaps vertelt ze dat hij vorig jaar *nog* een keer een poging heeft gewaagd. 'Maar toen had hij haartjes en wilde ik het niet. Echt niet, mama, ik heb het niet gedaan.' Benauwd kijkt ze me aan. 'Ik heb me twee jaar aan de regels gehouden, mama, en toen kon ik het niet meer houden. Het was ongeveer twee weken voordat ik zeven werd. Maar ik wilde het niet. Hij was heel boos en hij gooide me tegen de grond, mijn hoofd deed er helemaal pijn van en toen ben ik naar jou toe gerend. Maar jij was aan het bellen en je zei dat ik maar lekker buiten moest gaan spelen omdat het mooi weer was. En dat heb ik toen maar gedaan.'

Het klinkt zo naturel en het is zo helemaal geen 'aandachttrekmoment' dat ik vrees dat ik haar op haar woord moet geloven. Al drie jaar houd ik die twee in de gaten zodra ze weer naar elkaar toe trekken, maar ik dacht echt… Ik grabbel mezelf bijeen. 'Hè wat naar, wel goed van jou dat je hebt gezegd dat je het niet wilde. Als er zoiets is gebeurd, mag je *altijd* zeggen dat je even met me moet praten en dan maak ik daar natuurlijk tijd voor. Of bijvoorbeeld 's avonds bij het naar bed brengen als we met zijn tweetjes zijn.' Haar mond valt open, van ver komt een intens: 'Ooow, is dat *daarvoor* dat je dan bij me komt? Maar dat moet je me dan toch vertellen, dat wist ik niet!'

STEMMEN

'Mam, mag ik koffiezetten voor jullie?' Het gaat heel goed met het meisje. Is het de structuur van school die haar na de zomervakantie goeddoet? Heeft ze zich deze zomer gelaafd aan de zon of is het een groeisprong die maakt dat ze zo aanspreekbaar is? Ik weet het niet, het kan me even ook niks schelen en ik geniet met volle teugen. Na deze moeizame zomer is dat welverdiend, dunkt mij.

'Goh, nu ik je toch op school tref, mag ik je even wat voorleggen?' vraagt een vader me op het schoolplein. 'Onze dochter komt de laatste tijd thuis met verhalen en woorden die niet echt bij haar leeftijd passen. Ze zijn nogal grof en het gaat vooral over seks. Ze trekt op school nogal veel op met jouw dochter. Het lijkt me wat vreemd, hoor, maar zou het kunnen dat het bij haar vandaan komt?' *Krak*, de eerste barst. Dapper zoek ik woorden om mijn dochters fascinatie voor schunnigheid context te geven. Ik zou eigenlijk bij de moeder van die jongen in de buurt langs moeten, maar ik wil niet. Ik heb geen zin, het gaat thuis net zo goed. Ik sluit mijn ogen.

'Mam, ik stond alweer op het bord en ik moest zelfs nablijven. Ja ik weet ook niet wat het is, maar ik ben erg stout op school de laatste tijd. Gelukkig heb ik nu een wiebelkussen, misschien helpt dat een beetje.' *Krak*, barst twee. Nou ja, vorig jaar was het thuis lange tijd hommeles en ging het soepeltjes op school, het mag ook wel eens omgekeerd zijn. Ik sluit mijn ogen.

'Het is zo erg, ik kan het echt niet verte-he-ellen!' snikt mijn meisjelief en haar verdriet golft recht mijn hart in. 'Steeds als het stil is, komt er een geluid in mijn hoofd. Het wordt dan steeds harder en het houdt maar niet op. Ook niet als ik "Stop!" zeg, dan wordt het alleen maar harder. En het zegt ook dingen tegen me, het is eigenlijk een soort stem. Overdag is het een vrouw en 's nachts een man. Het is echt zo naar, ik wil dat niet meer!' *Krak*, de derde barst. Ik kan mijn ogen niet langer sluiten.

'Dan zegt die stem bijvoorbeeld: "Als je nu niet *dit* doet, dan gaat morgen je zusje dood" en "Je ouders zijn niet echt en gaan je zusje vermoorden" en dat vind ik niet leuk.' Voorzichtig ga ik naast haar zitten, ik luister, probeer niks in of aan te vullen en bezweer de paniek die in mij opwelt. Waar gaat dit over? Koortsachtig zoek ik de betekenis. Nee, ik ben niet bang dat ze plots schizofreen geworden is, maar wat ze beleeft maakt haar zo te zien erg angstig.

'Of dan zegt hij: "Morgen krijgen je ouders en je zusje een ongeluk en dan ben je helemaal alleen" en dat ik dan helemaal niks meer heb. Alleen nog maar vier spruitjes, een kapotte deken en een rotte appel.' Als het niet zo'n nachtmerrie was, schoot ik in de lach. Wat zijn dit zwarte gedachten voor een achtjarige. 'En het is vooral als het stil is, dan zegt hij iedere tien seconden iets. Maar daar heb ik wel wat op gevonden. Want als ik steeds zo doe,' – ze maakt een klein geluidje – 'dan telt het niet. Maar het liefst praat ik de hele tijd, want dan hoor ik het niet zo erg. Daarom ben ik ook zo druk op school, mama. En ik wil het niet meer. Kun jij iets doen, mama?' Vol verwachting kijkt ze naar me op. Dat is nieuw, dat ze het vertrouwen heeft dat ik haar kan helpen. Gek genoeg brengt het me even van slag. Ik ben het niet gewend dat ze expliciet mijn raad vraagt. Ik haal een glas water uit de keuken en vertel haar over 'halfvol' en 'halfleeg'. Hoe je je kunt oefenen in het bezweren van negatieve gedachten door positief te denken. Maar of het kwartje valt, is me niet duidelijk. Misschien is het ook iets te abstracte stof voor een kind.

'Ik geloof die stem natuurlijk niet. Maar ik vind het wel eng. En weet je, mama, hij weet altijd precies wat ik aan het doen ben, *altijd*!' Ze kijkt me met grote angstogen aan. 'Weet je, lieverd, dat komt omdat die gedachten eigenlijk van jou zijn. Jij bent het zelf en je weet natuurlijk wat je aan het doen bent. Ik ken dat wel, ik heb ook vaak zo'n stemmetje, vooral als ik moe of bang ben of als ik iets nieuws ga doen.' 'O ja, echt waar? En wat zegt hij dan en wat doe jij dan?' Het lucht haar zichtbaar op, blijkbaar heb ik een draadje te pakken. Ik heb wel eens gehoord dat negenjarige kinderen een moeilijke periode kunnen doormaken omdat ze, vergelijkbaar met de peuters, een versterkte ik-beleving hebben. Ze gaan zich definitief losmaken uit de eenheid met de ouders, hun wereld wordt groter dan gezin en school en dat kan gepaard gaan met angstige en depressieve gevoelens omdat ze zich-zelf als erg klein en nietig kunnen ervaren. Veel kinderen twijfelen op die leeftijd ook of ze niet geadopteerd zijn, verwisseld in het ziekenhuis misschien, of ze denken dat maar één ouder de 'echte' is. En dat prachtige liedje van Kinderen voor Kinderen over dwangmatige handelingen, *Met één been op de stoep en één been in de goot*, hoort dat ook niet bij deze leeftijd?

Misschien tuimelt mijn meisje in alle hevigheid die haar kenmerkt deze fase in? Wordt ze zich bewust van haar interne dialoog? Moet ze alleen leren om geen tics te gaan ontwikkelen zoals dat geluidje dat ze elke tien seconden wil maken? Met haar vasthoudendheid kan dat ongelukkig uitpakken. En wat moet ik met dat hele zwaarmoedige aan? Ik wil niks problematiseren als het niet nodig is, maar hoe weet ik wat nog normaal is en waar het zorgelijk wordt? Mijn intuïtie zegt dat ik haar moet duidelijk maken dat ik er voor haar ben. Maar het vliegt me bij voorbaat naar de keel, want als je haar een vinger geeft, neemt ze niet je hand maar je hele arm.

Ik slaap er een nachtje over, ik wik en weeg en vraag een goede vriend om raad. Ik maak een belafspraak met de kinderpsychiater en word een beetje rustiger. Het is vast normaal, al beleeft ze het wat hef-tig. Dat hoort ook bij haar. En dan zegt de psychiater: 'Ik wil haar toch wel graag zien. Ik vind het niet bij het beeld van een negenjarige pas-sen. Ik heb toch ook wel behoefte aan een nadere diagnose, want we reageren nu steeds op symptomen, maar wat ligt er nu precies aan ten grondslag? Is dat autisme, zijn het de angsten of is het toch een depres-sie? Het wordt tijd om de werkdiagnose nader vast te stellen.' En ik slik en ik knik, want ik kan niet anders dan daarin meegaan. Als ik ophang, realiseer ik me pas dat ik me op een andere boodschap had ingesteld, dat ik gerustgesteld wilde worden. Al was het maar met een 'Och, me-vrouwtje, maakt u zich niet zo druk.' Mislukt.

DIAGNOSE II

Enigszins gespannen stap ik over de drempel. Ik kan het niet helpen dat ik op mijn hoede ben, deze spreekkamer blijft voelen als een mondeling examen (*echt*, ik heb de boeken *wel* gelezen), ik kom er steevast centimeters kleiner binnen dan genoteerd staat in mijn paspoort. Met een geamuseerd lachje om haar mond ontvangt de kinderpsychiater me. Het halfuur daarvoor heeft ze met mijn oudste gesproken over de stemmen in haar hoofd en zo te zien stemt het nabeeld haar mild. Ietwat gerustgesteld neem ik plaats. Ze vraagt wat, ik praat wat en dan klinkt toch nog plompverloren: 'Is haar vader het ermee eens als we de diagnose stellen?' En dat is hij. 'Dan kan haar school daar ook een "rugzakje" mee aanvragen, met dat geld is extra begeleiding inzetbaar voor jullie dochter en voor de leerkracht. Het hoeft niet meteen, maar het kan dan wel. Ik verwijs jullie ook door naar de ouderbegeleiding hier. Daar kunnen jullie leren hoe je niet helemaal meegaat in haar angsten en enige afstand kunt bewaren.' Nou, sorry hoor, maar ik geloof dat we dat inmiddels al wel aardig geleerd hebben. Aan de andere kant, telkens weer merk ik dat ik mijn vragen niet echt kwijt kan in de consulten bij de kinderpsychiater. Misschien zijn ze hier niet op hun plaats, is het dat wat ze bedoelt? Het kan wel fijn zijn om eens met andere deskundigen te overleggen of we het goed doen en hoe het nog beter kan. Ik beloof erop te broeden.

Een paar dagen later valt de brief op de mat en staat het zwart op wit. Dat is opnieuw slikken, ook al staat er niets nieuws in. Het is een officiele brief, gericht aan de huisarts – waarom eigenlijk niet aan ons? – en met een aparte bijlage voor eventuele aanvragen bij het REC (Regionaal Expertise Centrum – dat zal wel voor het rugzakje zijn) en voor een PGB (dat kennen we inmiddels). Naast woorden staat er ook een rijtje quasi objectieve getallen en begrippen volgens de DSM IV, het handboek van de psychiaters. Ik kan er geen touw aan vastknopen. Wat betekent

299.80 en waarom staat er naast asperger ook een drielettercode OCD? Is Gaf 40 besmettelijk?

Een rondje internet verklaart het een en ander, maar het wil maar niet helder worden in mijn hoofd. Weet je wat, ik vraag dat geld van de TOG (Tegemoetkoming Onderhoudskosten Gehandicapten) – help, is mijn kind echt gehandicapt? – gewoon aan nu we dit papier hebben. Dat extraatje komt ons wel toe.

Een paar weken later, net wanneer ik mij afvraag wanneer ik eens iets zal horen van die TOG-aanvraag, gaat trring de telefoon. Het is een doordeweekse donderdag, halfzes, spitsuur in huis. 'Goedemiddag, u heeft een TOG-aanvraag ingediend voor uw dochter, we komen graag op huisbezoek. Morgenmiddag, schikt dat?' Ik draai het gas laag, loop even weg uit het kindergedruis en probeer tot me door te laten dringen wat de functie van deze overval is. 'Is uw dochter dan ook thuis?' 'Morgen, zegt u, dan is het vrijdag, hè', zeg ik in een poging de tijd te rekken om wat vooruit te kunnen denken. 'Ik weet niet of het morgen zal lukken. Hoe laat hebt u in gedachten?' 'Het hele gesprek duurt een minuut of twintig. Hoe laat komt uw dochter uit school?' Hè, verdikkie, waar staat dat huisbezoek nou voor en waarom moet mijn dochter daarbij zijn? Hoe kun je nou rond deze tijd een helder antwoord van een moeder verwachten? Of doen ze dat expres?

'Het lijkt me niet zo'n goed idee om dat gesprek te voeren in het bijzijn van mijn dochter. Kan het ook op een ander moment?' 'Ze hoeft er ook niet de hele tijd bij te zijn, ze kan daarna iets voor zichzelf gaan doen of naar haar kamer gaan.' Ik moet mijn best doen om de vrouw niet vierkant uit te lachen. 'Dat zal echt niet lukken, mijn dochter gaat niet zomaar iets voor zichzelf doen. Dat is juist een van de dingen die het leven met haar zo intensief maakt', druk ik mij netjes maar hopelijk duidelijk uit. 'O ja, dat komt vaker voor, als ouders dat zelf aangeven is dat meestal ook wel zo.' Ah, kijk aan, dat is een sympathiek geluid. 'We kunnen misschien afspreken vlak voordat ze uit school komt. Kan ze dan zelf naar huis komen?' Ik aarzel, vrijdag is ze juist gewend dat ik haar kom ophalen. En misschien is dit ook een strikvraag naar de zelfredzaamheid van mijn kind? Ik weet het niet. Waarom voel ik me zo in de hoek gedreven, wat is dat gladde ijs onder mijn voeten? 'Is er ook nog een ander moment waarop we kunnen afspreken?' probeer ik. 'Mm, tja, maandag zou kunnen maar daarna zit ik tot de kerstvakantie vol en wordt het na oud en nieuw.' Shit, maandag werk ik (mag ik dat zeggen, dan gaat mijn meisje naar de naschoolse opvang, is dat geen contra-indicatie?) en het is ook wel fijn als snel duidelijk wordt waar we aan toe zijn.

'Jaja, nou laten we dan maar gewoon morgen afspreken. Als ik mijn dochter goed instrueer om rechtstreeks na school naar huis te komen, we wonen erg dichtbij, dan lukt dat wel. Ze is om één uur uit, ben u er dan om kwart voor?' 'O, dus dat kan ze wel, zelf uit school komen? Nou red ik het niet om er al zo vroeg te zijn, maar halftwee gaat wel lukken. Zullen we dat dan afspreken?' Grrmpf, laat ik me in de kaarten kijken voor niks. En ik wil niet dat mijn oudste met haar oren op steeltjes dat hele gesprek bijwoont. Bliksemsnel zoek ik de alternatieven af, mijn man is morgen thuis aan het werk, als ik hem nou inschakel om de meiden na tien minuten onder de arm te nemen en het huis te verlaten – dat is een optie. 'Goed, ik regel wel iets met mijn man, dan zie ik u morgen om halftwee. Tot dan!'

Totaal overrompeld haast ik mij terug naar de pruttelende pasta. Morgen krijgen we huisbezoek. Morgen moeten we ons brevet van onvermogen tonen. Morgen gaan we de mallemolen in. Wat staat ons nog meer te wachten?

SINTERKLAAS

Ze is drie en diep ongelukkig: 'Mama, ik vind Pieten niet leuk, want ik kan ze niet goed zien.' Ik snap het wel, hetzelfde heeft ze met clowns en met verklede mensen, ze kan niet inschatten waar ze aan toe is.

Twee jaar later is de intocht van de sint bij oma op de Maas een ramp. Met haar gezicht tegen mijn jas aangedrukt ziet ze niets van de tientallen Pieten op waterscooters, terwijl de jongste van drie handenvol pepernoten binnenhaalt. Op school ontfermt ze zich wel over de jongste kleuter, die ze optilt en troost als Sinterklaas op zijn paard arriveert. De goede kijker ziet hoe ze de kleine meid misbruikt als knuffeldier en bijna smoort met haar liefde.

Wij doen er niet moeilijk over en maken het sinterklaasconcept niet al te groot. We vertellen voorzichtigjes over hulpsinterklazen en aanbelpieten en laten doorschemeren dat papa's en mama's de regie hebben. Echt leuk wil het niet worden, dit kinderfeest, maar ik wil voorlopig de droom – of nachtmerrie – niet verstoren omdat de jongste zo ontzettend geniet van het festijn. En geheimen zijn mijn oudste niet toevertrouwd.

Maar dit jaar is ze voor het eerst een ingewijde en wonder boven wonder begrijpt ze dat ze het voor zich moet houden. Het is zo ontzettend leuk om te zien hoe ze zich voor het eerst in haar leven kan verheugen op het sinterklaasfeest. De intocht op de Maas is spectaculair (de Pieten zonder veer zijn de Sint vergeten mee te nemen op de boot en hij arriveert in een watervliegtuig) en ze is volkomen vrij om ernaar te kijken en ervan te genieten. Ze heeft mee lootjes getrokken, maakt met wat hulp een gedicht met een surprise en speelt met verve in het gezelschap dat ze van niets weet. Opeens valt het kwartje: ze heeft houvast, ze heeft invloed en het wordt enigszins voorspelbaar. *Dus* ontstaat er ruimte om het leuk te vinden. Ik verheug me nu al op volgend jaar…

PLANNING

'Mam, kijk eens, kijk nou, mama, kijk dan wat ik kan met de diabolo!'
Voor de zeventiende keer wil ze me hetzelfde trucje laten zien, maar
ik ga stug door met opruimen. 'Mama, waarom is die stomme zus nu
nog steeds met ons nichtje aan het spelen, ik wil dat ook.' Ze heeft het
nichtje de afgelopen vierentwintig uur zowat opgevreten en het speelt
nu net een kwartiertje boven op de kamer van mijn jongste, maar rup-
sjenooitgenoeg verdraagt het niet. Dat maakt me razend, maar ik houd
me in. 'Mam, wanneer gaan we koffiedrinken?' vraagt ze naar de beken-
de weg. Om dat soort veelgestelde vragen – die neigen naar *loopjes* – te
voorkomen, hebben we daar vaste tijden voor afgesproken, dus ik geef
geen antwoord. 'Wat kan ik nou doen, ik weet het niet?!' 'Kijk maar op
je lijstje, dan zie je misschien iets waar je zin in hebt.' Als ze in zo'n bui
is, heeft geen enkele suggestie van mij zin. Maar ook op het lijstje vindt
ze niets van haar gading. Ze leest een halve bladzijde in een strip, zoekt
verwoed in een laatje, stampt boos naar haar kamer om twee minuten
later weer beneden te staan met een hoofd op onweer. De dag is amper
anderhalf uur begonnen en ik waad nu al door dikke stroop. Het is de
dag na Kerstmis, morgen vertrekken we voor een week naar Zeeland.
Wat een verschil met de afgelopen dagen, die wonderwel goed verlopen zijn.

Mijn zus komt langs om haar dochtertje op te halen en tegelijkertijd
arriveert een collega van mijn man, die even op weg geholpen moet
worden omdat ze is vastgelopen in een klus. De oudste blijft maar vragen, jengelen en om mijn hakken draaien. 'Help maar even met tafel-
dekken', probeer ik, want soms werkt het om haar een taakje te geven.
'Waarom moet ik dat doen? Waarom mijn zus niet?' is haar onmiddellijke weerwoord. Dit is niet goed, dat is niet goed en ik zie hoe ze zich
steeds vaster draait in haar eigen weerbarstigheid. Precies zoals op de
eerste dag van de kerstvakantie. 'Liefie, pak eens even pen en papier en
kom dan bij mij.' Ze kijkt me vragend aan, maar opvallend genoeg zegt

ze niets. Ze komt gedwee naar me toe. Aan het begin van de vakantie heb ik voor haar een overzicht gemaakt van wat we elke dag gaan doen, op deze tussendag heeft ze blijkbaar behoefte aan nog meer houvast. 'We maken even een planning voor de rest van de dag. Schrijf maar op hoe laat het nu is en dan maak je vakjes voor de andere uren.' 'Maar ik weet niet wat ik moet gaan doen!' zegt ze wanhopig. 'Dat weet ik, ik weet ook hoe vervelend je dat vindt, dus gaan we het nu verzinnen. Dan kun je op je planning kijken en dan weet je wat je gaat doen.' 'O ja!' Haar opluchting spreekt boekdelen.

Plotseling is het verzinnen van activiteiten een fluitje van een cent en als ze klaar is, kijkt ze tevreden naar haar overzichtelijke dag. Dan kijkt ze op de klok, haar gezicht betrekt: 'Wat moet ik nu doen?' Op haar papier staat dat ze om 13.45 u gaat dansen, maar het is pas 13.40 u…

KOPZORGEN

'Vergeten jullie niet dat haar intelligentie haar kracht is? Wanneer ze daar succeservaringen mee opdoet, versterk je ook haar zelfvertrouwen.' In het oudergesprek dat de paardentherapie afsluit, zegt de therapeut het als een bijzinnetje. In eerste instantie reageer ik met mijn standaardriedel, dat het leven over balans gaat, dat we ons geen zorgen hoeven te maken over de cognitieve kant, maar dat juist de sociaal-emotionele zaken ontwikkeld dienen te worden. Maar opeens voel ik dat mijn verhaal niet langer klopt. Er is iets veranderd, maar wat?

Een paar dagen later zijn opa en oma op bezoek. Ik zoek naar woorden om duidelijk te maken dat we onze grenzen beginnen te bereiken in het begeleiden van onze oudste als ik onderbroken word met: 'O la la, jullie doen inmiddels zoveel, je hebt zelf geen idee meer hoezeer je het leven aanpast voor jullie oudste. Petje af, hoor. Zou het alleen niet een idee zijn om haar bijvoorbeeld wat meer de cognitieve kant op te sturen? Bijvoorbeeld iets met computers. Ik ken verschillende kinderen op het vwo die zich op die manier redden, omdat ze op één gebied heel goed zijn.' Mijn 'aangehokte' schoonmoeder – of hoe je de vriendin van je schoonvader dan ook moet noemen – is jeugdarts. Het raakt me diep dat ze het onderwaterscherm ziet waardoor het functioneren van ons meisjelief mogelijk gemaakt wordt. Maar wat zegt ze nou opeens over computers, dat is toch precies wat we proberen te vermijden, een obsessieve eenzijdige interesse?

Diezelfde week vraagt juf of we even langs willen komen. 'De cognitieve capaciteiten die jullie dochter in zich heeft komen er niet uit. Ik zou jullie willen vragen of het goed is om een procedure voor leerling-gebonden financiering – het zogenaamde rugzakje – op te starten. We kopen dan gespecialiseerde begeleiding in en ik denk dat het leren voor haar dan een stuk bevredigender kan worden. De extra tijd en aandacht die dat kost – boven op wat we nu al doen – dat krijg ik in mijn eentje en binnen de klas niet voor elkaar.' Aarzelend zoekt de juf naar woorden, ze wil ons op geen enkele manier voor het hoofd stoten. Met onze bijval verlossen we haar onmiddellijk van haar onzekerheid, natuurlijk staan we daarvoor open! Dapper storten we ons op de papierwinkel.

Vanochtend onder de douche zag ik plots de rode draad: ze wordt groter, de 'harde' kant van het leven begint belangrijker te worden. We hebben aan de sociaal-emotionele kant veel aandacht besteed en die zo goed mogelijk in de grondverf gezet. Blijkbaar is de tijd nu rijp om uit te vinden hoe we de cognitieve potentie kunnen aanspreken en ontwikkelen. Kom maar op met dat nieuwe avontuur!

WONDJE

'Hè, au, mama, kijk eens of je hier wat ziet. Het doet steeds zo'n pijn als ik mijn lip aanraak.' Als ik heel goed kijk, zie ik dat het misschien een klein beetje rood is. Maar het lijkt me niet echt iets om serieus te nemen. 'O ja, ik zie het al, misschien een beetje schraal, dat gaat wel weer over. Als je wilt, kunnen we er zachte zalf op doen', zeg ik geruststellend. 'Nee, nee, dat is niet nodig.' Hm, dat is een teken aan de wand. Want ze piept snel over allerlei pijntjes – ik plak pleisters zonder bloed en smeer tubes vaseline weg op onzichtbare wondjes – maar als er *echt* iets aan de hand is, laat ze zich niet helpen. Toch even in de gaten houden dus.

'Laat eens even kijken,' zeg ik een paar dagen later, 'wordt het nou erger bij je mond?' 'Nee, je hoeft niet te kijken', zegt ze en ze draait haar hoofd weg. 'Ah joh, kom op, ik doe niks, ik wil alleen even kijken.' Vlug maakt ze zich uit de voeten, mijn kansen zijn verkeken. Ik zal er op een andere manier achter moeten zien te komen. De dagen erna zie ik hoe haar bovenlip korstig wordt. Wanneer zich onder haar onderlip ook een korstige ring begint te vormen, kan ik het niet langer aanzien; ik wil weten wat het is en hoeveel last ze ervan heeft. Zelf rept ze er met geen woord over.

'Kom, we gaan even langs de apotheek, dan kan ik meteen vragen wat je daar bij je mond hebt.' Grote schrikogen kijken me aan, ze vergeet van de weeromstuit om nog te trappen op haar fiets. 'Nee mama, nee, dat wil ik niet', stamelt ze. 'Ze kijken alleen maar en omdat ze ervoor hebben geleerd en heel veel mensen zien, weten ze vaak wel of het iets is waarmee we naar de dokter moeten gaan of niet.' Oei, ik heb het d-woord laten vallen. 'Nee mama, nee!' Ze krijst het uit. 'Ik ga niet naar de dokter, dat hoeft niet, dat wil ik niet!' 'We gaan ook niet naar de dokter, we gaan naar de apotheek. Bij de apotheek kijken ze en ze doen verder niks. En ze kunnen zeggen welke zalf we het beste kunnen gebruiken.' 'Dat wil ik helemaal niet, dan moet ik dadelijk misschien heel veel vieze pilletjes of zalf die prikt en dat wil ik niet. Dat hoeft niet. Het is echt niet nodig.'

Het gelamenteer gaat nog een tijdje door en als een kapotte grammofoonplaat blijf ik mijn boodschap herhalen. Gestaag duw ik haar voort tot we er zijn. Ze vergeet haar fiets op slot te zetten en laat een dikke scheet als we naar binnen stappen. Acht jaar is ze, mijn kleine grote meid, en zo verschrikkelijk bang voor alles wat met dokters te maken heeft. Wat een geluk dat ze zo zelden iets heeft. Bij de apotheek vermoeden ze dat het niets ernstigs is. Gewoon goed vet houden. Als het toch krentenbaard is, zou het zich de komende dagen moeten verspreiden en moeten we even langs de huisarts. Mijn dochter breekt, ze valt tegen me aan en begint hartverscheurend te snikken. 'Ik wil dat niet, mama, ik wil niet naar de dokter!' De apothekersassistent kijkt ons vertederd na als we naar buiten gaan. Ik ga op een paaltje zitten en zet haar voor me neer. 'Heb je goed geluisterd? Wat hebben ze gezegd?' 'Dat ik krentenbaard heb en naar de dokter moet', huilt ze. Ik leg het haar nog een keer uit, laat het haar herhalen en op de fiets doe ik het dunnetjes over. Zodra we thuiskomen rent ze naar binnen om het hele verhaal aan haar vader en zusje te doen. Later in de tuin gooit ze haar ellende in geuren en kleuren over de heg naar de buurjongen van vijftien. *Bottom line*: het leven is ver-schrik-ke-lijk.

Binnen een paar dagen ziet het er verschrikkelijk uit. Ik weet dat het niks ernstigs is, als het krentenbaard was zou het hele gezin inmiddels besmet zijn en dat is niet het geval. Ze weigert lippenboter of vaseline totdat de pijn ondraaglijk wordt en ze hartverscheurend huilt of ze nu naar de dokter moet. 'Nee, lieverd, dat hoeft niet, gewoon smeren en wat vooral belangrijk is: niet aankomen!' Maar dat laatste is het punt: honderd keer per dag likt ze om haar mond, wrijft ze met haar mouw langs haar lippen, duwt ze ruwe dingen op haar gezicht om de pijn niet te hoeven voelen en nog steeds wil ze niet smeren omdat het zo vies voelt. Mijn anders zo prachtige meid met haar gave huid loopt erbij als een zwerver en 'men' zal wel denken dat ik haar verwaarloos of te lui ben om lippenboter te geven. Maar ik kan echt niets anders doen dan volhouden dat ze moet proberen *niet* te likken en *wel* te smeren. Na drie weken kan ik het niet meer aanzien, 's avonds smeer ik haar in met een lichte hormoonzalf om de genezing te versnellen. Na vier dagen zien we al resultaat en wanneer ik dreig dat we over een week naar de dokter gaan als het dan nog niet over is, begint mijn oudste eindelijk trouw haar mond in te vetten.

Langzaamaan geneest haar huid. Maar hé, er zit een klein schrammetje boven aan haar neus, dicht bij het oog. Te onbeduidend om aandacht te geven, geen idee hoe het ontstaan is. Een week later is het nog niet genezen, sterker, het is groter geworden dan het eerst was. Een mooi ovaal roodbruin korstje zit erop, dus het zal binnenkort wel overgaan. 'Hela, niet aankomen, zo krab je het kapot', zeg ik weer een week later als ik haar betrap. Dat duurt nu toch wel lang, zo'n onschuldig wondje, toch eens wat beter in de gaten houden. En dan ga ik het zien, hoe ze telkens weer met haar hand naar dat korstje gaat om het eraf te krabben. Zelf vond ik vroeger korstjes ook fascinerend, dus ik kan me er wel iets bij voorstellen.

'O jee, wat is dat nu?' Vol verbazing kijk ik naar mijn dochter, die uit school komt met een wond als een vuurrode krater boven aan haar neus. Is dat hetzelfde schrammetje van drie weken geleden? Dat wordt een litteken, ik moet iets doen. Een pleister is geen optie op die onhandige plaats en bovendien te dicht bij haar oog, dan kijkt ze de hele dag scheel. Zou een doorzichtige blaarpleister een idee zijn? Op naar de apotheek. Zonder dochter uiteraard. De assistente heeft nog een beter idee en geeft me gratis en voor niks superdunne plakfolie om het plekje af te dekken. Twee dagen later stroomt de etter eruit, ik voel me rot dat ik dat niet heb kunnen voorkomen. Wat ben ik voor moeder, maar het begon zo onschuldig...

We zijn inmiddels elf weken onderweg. Haar lippen zijn genezen, het wondje bij haar neus is bijna verdwenen. Maar raad eens, er zit een klein plekje op haar kin...

THUIS

Dinsdagmiddag, 14.43 u

Trrring, de telefoon rinkelt. 'Mama?' klinkt er een klein stemmetje aan de andere kant van de lijn.

'Mama, waar ben jij?' De eerste schoolweken konden we het nog zo plooien dat er steeds iemand thuis was, maar vandaag komt onze oudste voor het eerst alleen naar huis en moet ze een halfuurtje zien te overbruggen. Ze vindt het reuzespannend, en eerlijk gezegd, ik niet minder.

'Op mijn werk, lieve schat. En jij, hoe was jouw dag? Ben je net thuisgekomen?' 'Ja, goed, maar mama, waar is papa nou?' In de verte hoor ik een snik in haar stem, ik slik mijn eigen tranen dapper weg. 'Papa is je zusje gaan ophalen, weet je nog? Ik denk dat hij ongeveer om halfvier thuiskomt.' 'Maar hier op het briefje staat dat hij om kwart over drie thuis is.' Oeps, ik dacht ik neem het ruim, want anders duurt het wachten zo lang. 'O, dat kan ook, maar heel precies weten we het niet, als het waait of alle stoplichten staan op rood, kan het ietsje langer duren', probeer ik zo nonchalant mogelijk te klinken. 'O. Maar als het nou heel lang duurt voordat ze thuiskomen, wat dan?' 'Je mag altijd even bellen naar papa of naar mij. Ga alvast maar lekker iets drinken en pak er maar een koekje bij, dat hadden we afgesproken, hè.' 'Maar mama, dat staat niet op het briefje, mag het dan wel?' Ach, de lieverd. 'Tuurlijk mag dat. Zo, nu ga ik weer aan het werk. Heb het fijn!' 'Oké, daag mama', klinkt het stemmetje ietsje minder dun.

15.15 u

Tring, 'Mama, ze zijn er nog steeds niet, wanneer komen ze nou?' Huilend hangt mijn oudste weer aan de lijn. Grr, waarom heeft mijn man die tijd toch zo krap op het briefje gezet, dat is vragen om moeilijkheden. 'En papa neemt ook niet op, waar is hij nou?' Zo goed en zo kwaad als dat gaat stel ik haar gerust, we hangen weer op.

Tring, gierend gehuil klinkt in mijn oor. 'Mama, ik hoor voetstappen boven. Ik ben zo bang dat er een inbreker is, wat moet ik nou doen?' En net als ik denk dat het toch te veel gevraagd is om haar dit alleen te laten doorstaan, komen vader en zusjelief door de poort. Diepe zucht.

Een paar weken later, dinsdagmiddag, 14.43 u
Ik werk vandaag thuis en verheug me op haar blije gezichtje als ze ontdekt dat ze niet alleen thuis hoeft te komen. Ha, daar zul je haar hebben, de klink gaat naar beneden en... woest gekrijs vult het huis, een tas vliegt door de woonkamer, grote donkere ogen wensen me dood en ze spuugt me toe: 'Je hebt niet gezegd dat je thuis zou zijn. Dat vind ik STOM, ik had me er zo op verheugd, de hele dag al. GA WEG!!!'

HUISBEZOEK

De TOG is afgewezen. 'Weliswaar is vastgesteld dat uw dochter gehandicapt is en meer dan gemiddelde zorg behoeft, maar niet in die mate waarin de wet TOG beoogt.' Waarvan akte. Of ik heb het niet in tien minuten voor elkaar gekregen duidelijk te maken hoeveel extra's we doen voor dit meisje, of de zorg die wij geven staat niet in verhouding tot de mensen wie de TOG wel toekomt. Dan valt het dus gelukkig allemaal nog wel mee bij ons? Wat een dubbel gevoel.

De dame op huisbezoek is niet bepaald subtiel. Voordat we een woord gewisseld hebben – we staan zelfs nog – zegt ze: 'U haalt nu nog niet voldoende punten voor toekenning, daarom wil ik u nog een paar aanvullende vragen stellen.' Verbijsterd kan ik alleen maar denken: 'Hallo, ik ben hier, zullen we eerst even kennismaken, elkaar ontmoeten en dan zien wat er in alle redelijkheid mogelijk is?' Maar zo gaat het kennelijk niet. Mevrouw turft haar lijstje af en focust op praktisch meetbare en dus fysieke zaken. Ik wil dat nog wel snappen ook, ik ben ook voor een zo objectief mogelijke toetsing zodat het geld op de goede plek terechtkomt, maar ik vind het ontzettend moeilijk om met een onbekend iemand ongenuanceerd mijn kind te bespreken. Met behoud van het respect voor mijn oudste schets ik een zo waarheidsgetrouw mogelijk beeld. Maar telkens weer raak ik in een spagaat.

Is uw dochter zindelijk? 'Ja' (maar ze spoelt nooit door en weigert haar handen te wassen, laat het licht branden en de deur openstaan, regelmatig tref ik poep aan op de handdoek en het heeft sowieso bijzonder veel inspanning gekost haar te leren poepen op de wc – moet ik dat ook allemaal zeggen, en terwijl ik nog nadenk of dit nou wel of niet relevante informatie is, klinkt de volgende vraag al).

Is uw dochter mobiel? 'Pardon? Ze zit niet in een rolstoel als u dat bedoelt?' (Zo zijn we natuurlijk snel uitgeturfd, maar het buurmeisje doet boodschappen voor haar moeder op de fiets, dat is voor onze oudste absoluut geen optie, is dat ook wel/niet mobiel? Nou ja, ik wil me ook niet aanstellen. Misschien is deze regeling ook helemaal niet voor ons, wil ze duidelijk maken dat er wel intensievere handicaps in de wereld zijn?)

Kleedt ze zichzelf aan? (let op, meer woorden gebruiken bij je antwoord, anders zijn we zo klaar) 'Ja, dat wil zeggen, ze weigert de kleren aan te trekken die ik klaarleg, dus moet ze dat nu zelf doen. Dat gaat inmiddels meestal wel goed, al trekt ze gerust een naveltopje in de winter aan en een dikke trui als het hartje zomer is.' (Dus ik zorg gewoon dat precies die kleren in de kast liggen die geschikt zijn om scènes te voorkomen. O ja, en ook hebben we afspraken over wat 'hoort' en daar moet ze zich aan houden). 'Wat ik trouwens regelmatig moet checken is of ze een schone onderbroek en schone sokken aantrekt' (want daar heeft ze een bloedhekel aan en ze probeert er op de meest creatieve manieren onderuit te komen). 'Maar ze kleedt zichzelf dus wel aan?' 'Ja, gelukkig wel.' (Dat is dan toch het enige goede antwoord?)

Is uw dochter wel eens alleen thuis en hoe lang dan? 'Ja, ze is wel eens alleen thuis, maar eigenlijk kan het niet.' Ik probeer uit te leggen dat ze daar te angstig voor is, totdat mevrouw zegt: 'Het is eigenlijk uw eigen angst dat ze niet alleen thuis kan zijn?' Mijn klomp breekt, want ik dacht toch echt dat ik helder was. Nee, ik ben niet zo'n moeder die bang is dat haar kinderen het huis afbreken als ze weg is. Mijn *dochter* is te angstig om alleen te zijn. Maar het komt blijkbaar niet aan, laat maar zitten dan.

Het zweet staat me inmiddels op de rug, ik voel me zo verschrikkelijk op glad ijs. Aan de ene kant moet ik laten zien dat mijn zorg ontoereikend is, aan de andere kant wil ik tonen hoeveel inspanning we ons getroosten om dat meisje een goede basis mee te geven. En dat lukt nog aardig ook, al zeg ik het zelf. Voor het eerst moet ik hardop toegeven dat onze dochter afwijkt van de norm, terwijl ik in het gewone leven zo mijn best doe haar te laten zijn wie ze is. Ik kan het niet helpen, ik barst ter plekke in huilen uit. En ach, wie weet is het nog ergens goed voor, denk ik nog, maar zodra de tranen stromen willen ze ook niet meer

 ophouden. 'Waarom vraagt u geen PGB aan?' zegt de vrouw. 'Daar heeft

u veel meer aan. Daaruit kunt u ook ouderondersteuning aanvragen.'
Maar ik *wil* helemaal geen ouderondersteuning, ik wil gewoon een
beetje waardering voor wat we allemaal al doen. En het laatste waar ik
behoefte aan heb is me verdedigen, maar in een gesprek van tien minuten zichtbaar maken wat ik al jaren achter de schermen doe, dat blijkt
verschrikkelijk moeilijk. Ik zie het maar als een eerste vingeroefening.
Laat die TOG maar zitten. Op naar de volgende ronde met het REC en
het rugzakje...

VALKUIL

De papieren van het ouderdeel voor de aanvraag van leerlinggebonden financiering heb ik in een mum van tijd ingevuld. De problematiek waarnaar gevraagd wordt is inmiddels gesneden koek, over de formuleringen hoef ik niet lang na te denken. Omdat de criteria helder verwoord zijn, heb ik bovendien een handige richtingwijzer. Ik merk dat ik heb geleerd van mijn TOG-avontuur: niks verzachten of nuanceren, zo kaal en bot mogelijk opschrijven.

Juf heeft aanzienlijk meer werk te verrichten. Naast de indrukwekkende vragenlijst – die op veel plaatsen dubbelt met wat ik heb ingevuld – moeten er handelingsplannen van het afgelopen jaar, ontwikkelingsplannen voor het komende jaar en toetsresultaten geproduceerd worden. We werken eendrachtig samen, ik mail haar mijn invuloefening zodat ze haar teksten op de mijne kan afstemmen. Wanneer ik een tijdje later haar ingevulde vragenlijst retour krijg, moet ik toch even slikken. Daar staat zwart op wit geformuleerd wat er allemaal niet goed gaat, dat ze zoveel begeleiding nodig heeft dat de klas – *en* de juf – eronder te lijden hebben. Ik klik het document weg, even mijn kop in het zand steken, even pauze.

Een dag later steekt de twijfel de kop op. Dat *ik* moet slikken om de teksten over het (non-)functioneren van mijn oudste wil nog niet zeggen dat de indicatiecommissie daar natte ogen van krijgt. We hebben een superjuf die haar voor het derde jaar met liefde begeleidt. Ze schrijft met zoveel respect over haar leerling dat je je nauwelijks kunt voorstellen dat het haar moeite kost. Dat ze nu echter aan de bel heeft getrokken, zegt voor mij genoeg. Maar de politiek vindt dat er te veel rugzakjes worden toegekend, dat scholen te gemakkelijk aanvragen. Dat betekent dat je *heel* duidelijk moet zijn. Ik lees het formulier nog een keer door, met andere ogen. Het valt me op dat juf nauwelijks duidelijk maakt hoeveel ze al doet en hoe lang ze al bezig is met de extra begeleiding. Misschien heeft ze dat zelf ook niet in de gaten, omdat ze het gewoon geworden is. Die valkuil kennen we inmiddels, daar tuimelen we niet meer in.

Na nog een nachtje slapen trek ik mijn stoute schoenen aan. Met wat inleidende prijzende woorden vind ik de moed om te vragen: 'Vind je het goed als ik jouw tekst hier en daar wat scherper formuleer? Zodat het duidelijk wordt dat de school "handelingsverlegen" is, zoals ze dat zo mooi noemen?' En tot mijn grote opluchting grijpt juf het voorstel met beide handen aan. 'De *remedial teacher* geeft ook aan dat ik het te vriendelijk formuleer, ik heb het al bijgesteld, maar als jij denkt dat je er nog iets mee kunt, dan graag!' Ik schrap alle zou's, misschienen, best wels en somsen, voeg hier en daar een stellig bijvoeglijk naamwoord toe en plots schuiven de puzzelstukjes in elkaar. Zo moet het goed zijn. Handtekening hier, handtekening daar, een grote envelop en met voldoende postzegels en met een dikke kus gaat het pakket op de brievenbus. Duimen maar.

OPPAS

'Wat zeg je?' Ik sta met mijn oren te flapperen als de nieuwe oppas me vertelt wat mijn oudste haar allemaal op de mouw gespeld heeft. Misschien naïef van me, maar ik dacht dat ik deze negentienjarige onderwijsstudente wel op mijn dochter kon loslaten zonder al te gedetailleerde instructies. Ik bedoel, hoe ingewikkeld kan het zijn een kind in bed te stoppen? Ze is er tot tegen tienen mee zoet geweest... Fout ingeschat dat dit meisje – omdat ze voor de klas wil – in staat is om grenzen te stellen. Want *dat* vraagt dit oppaskind bij uitstek.

Op zoek naar een nieuwe dus. O, wat mis ik mijn buurjongen nu hij op kamers is. We waren zo op elkaar ingespeeld. Toen hij vijftien was, paste hij af en toe een avondje op, in het begin om voor zijn grote zus in te vallen. Later kwam hij een vaste avond in de week zodat ik naar mijn koorrepetitie kon gaan. Na drie jaar was het zo vertrouwd dat hij gerust de kinderen uit school haalde, hen naar een clubje bracht, pannenkoeken met ze bakte en hen in bed stopte zonder dat ik me daar één ogenblik zorgen over maakte. Maar ja, kleine buurjongens worden groot en vliegen uit. Nu pas begrijp ik hoezeer we verwend waren. Nu pas realiseer ik me dat niet elke puber geschikt is als oppas voor mijn oudste.

'Het is vooral voor de oudste belangrijk dat ze weet hoe alles gaat, waar ze aan toe is.' De potentiële nieuwe oppas knikt, het lijkt wel aan te komen. 'Ja-ha,' komt dochterlief ertussen, 'want ik heb autisme.' Een verrassende onderbreking die om een toelichting vraagt waar ik nog even mee had willen wachten. Het oppassen lijkt wel goed gegaan, ik krijg haar alleen niet meer te pakken om voor een volgende keer af te spreken.

Weer op zoek naar een nieuwe oppas, vrees ik.

NAAR DE TANDARTS IV

Wat is dat voor rare code op de familiekalender: '16.00 u M-t'? O jemi-
nee, het is alweer zover, meisjelief moet naar de tandarts. Diezelfde dag
gaan ze met de klas naar de schaatsbaan om de verjaardag van de juf te
vieren. Diepe zucht, dat wordt een drama. Aan de andere kant, dan is ze
dus om halfdrie thuis, dan kunnen we theedrinken, het haar vertellen
en meteen vertrekken. Dat is zo gek nog niet.

Het is zover. Eerst de jongste uit school ophalen. 'Kom, we moeten
even opschieten want je zus moet dadelijk naar de tandarts.' 'Och, arme
zus, dat vindt ze zo vreselijk. Weet ze het al?' Ja, die jongedame leert mij
ook al kennen… 'Misschien kun jij bij papa blijven, dan ga ik rustig met
haar naar de tandarts. Maar als dat niet kan, ga je gewoon mee. Houd
je je dan wel een beetje gedeisd?' 'Ik wil liever bij papa blijven. Ik vind
het zo zielig voor mijn zus, en dan ga ik haar troosten maar dan wordt
ze boos en dat vind ik niet leuk.' 'Ja schat, dat snap ik. Dat komt omdat
ze het zo verschrikkelijk spannend vindt, dat ze niet meer aardig kan
doen.' 'Dat weet ik wel, maar ik doe extra mijn best om aardig te zijn, en
als ik haar dan wil aaien, gaat ze me slaan. Dat vind ik heel erg stom!'

We komen binnen, ze zit met rode appelwangen na te genieten van
haar dag op het ijs. 'O mama, het was zo ontzettend leuk. Ik heb echt
heel goed geschaatst en…' 'Je moet zo meteen naar de tandarts', onderbreekt de jongste haar. Grote schrikogen. 'Nee, hè? Dat is toch niet waar,
hè? Hoe weet jij dat? Waarom weet ik dat niet? Is het echt waar, mama?
Waarom heb je me dat niet eerder verteld?' 'Ja, het klopt, na het theedrinken gaan we naar de tandarts. Ik heb het vanochtend niet verteld
omdat je dan vandaag een fijn uitje kon hebben zonder zorgen over de
tandarts.' Dat snapt ze wel, maar ze is flink over haar toeren. Opeens
wordt ze rustig. 'Ik ga gewoon niet', zegt ze. Dat is nieuw. Het verbaasde
me altijd al dat ze – ondanks alle paniek – met me meeging zodra ik
haar hand vastpakte. Maar nu heeft ze een nieuwe optie ontdekt. 'Ik
doe het niet, ik ga niet mee', zegt ze nog een keer.

'Kom maar, we gaan.' Ik pak haar klamme, slappe hand. Ze wil geen jas aan, dan niet. Vastbesloten neem ik haar bij de hand en ze loopt met me mee naar de auto. 'Ik ben blij dat mijn zusje niet meegaat. Die gaat altijd allemaal dingen tegen me zeggen. Dan doet ze net alsof zij de oudste is, dat vind ik stom.' Tja. 'Is het hier al? Ik blijf gewoon in de auto zitten. Ik ga niet mee.' We lopen naar binnen, ze jammert dat het er stinkt. Eerst de jas ophangen, dan poepen en daarna tandenpoetsen – altijd dezelfde volgorde, als in een ritueel. 'Ik heb dan wel mijn tanden gepoetst en dan is dat maar voor niks, want ik ga gewoon niet. Ik doe het niet.' Ze blijft stokstijf stilstaan bij de wastafel. Met een arm om haar schouders leid ik haar naar de wachtkamer, waar ze in een hoekje van de bank kruipt. Zo. Toch weer gelukt. Nu is het aan de tandarts om haar in de stoel te krijgen.

GELUK

'Hé, alweer groen, we hebben geluk vandaag.' 'Weet je, mam,' zegt mijn jongste op samenzweerderige toon, 'dat doe ik. Ik heb hier een knopje, kijk, vlak naast mijn bel en als ik daarop druk, dan gaat het stoplicht op groen.' Er volgt een verhandeling die twee kilometer duurt over wanneer het wel en niet werkt, hoe je het knopje aan of uit kunt zetten en welke knopjes ze nog meer op haar fiets heeft. Dit meisje heeft zo'n rijke fantasie, het is telkens weer een genot erin mee te gaan. En dat kan ook als we samen naar haar nieuwe school fietsen.

Veel mensen kijken bezorgd als we vertellen dat de jongste een dorp verder naar school gaat omdat er geen plaats is voor haar in onze eigen woonplaats. Maar eerlijk gezegd weegt die één-op-één-aandacht die we haar daarmee kunnen bieden ruimschoots op tegen de logistieke onhandigheid. Elke dag een halfuur heen en een halfuur terug, het is een geschenk uit de hemel.

MELKMACHINE

'Jij bent de liefste moeder van de hele wereld', fleemt mijn jongste als ik haar naar bed breng. 'O ja? Hoe weet jij dat eigenlijk?' plaag ik haar. 'Omdat ik jou al heel lang ken', zegt ze ondeugend, want we hebben net gelezen over Koen en Lot, die Tom een stomme jongen vinden terwijl ze hem nog helemaal niet kennen en dat vindt mijn jongste dan weer stom. 'Hoe lang ken je mij eigenlijk al?' vraag ik haar nieuwsgierig. 'Nou, zes jaar natuurlijk. Of eigenlijk zes jaar en negen maanden, ook al toen ik bij jou in de buik zat!' Een triomfantelijke glimlach straalt me tegemoet.

'Nou, echt niet!' dondert het vanuit de badkamer. De oudste komt zich ermee bemoeien. 'Denk jij nou echt dat baby's hun moeder kennen? Dat is niet zo, hoor', poneert ze stellig. 'O nee? Hoe lang ken jij mij dan?' ben ik benieuwd naar haar antwoord. 'Eh, vijfenhalf jaar?' komt er prompt. Haar zusje kijkt haar met grote ogen aan. 'Maar jij bent al acht! Dat kan toch niet?' 'Jawel, want de eerste tijd, dan weet je niet wie je moeder is. Dan is het gewoon hetzelfde als een koe waar je melk van krijgt, of misschien denk je wel dat het een muur met een tiet eraan is.' Ze is bloedserieus en het wonderlijke is dat ze onder woorden brengt hoe ik mij die eerste tijd met haar gevoeld heb. Alsof het inderdaad niet uitmaakte dat ik haar moeder was, ik was gewoon een melkmachine. Niks koesteren, genoeglijk voeden, van elkaar genieten. Hier die melk en dan is het weer klaar!

De jongste is verbijsterd. Zachtjes aai ik haar blonde koppie. 'Het geeft niet, meisje, zo is het voor je zus, voor jou is het weer anders.' 'Ja, ik ken jou zes jaar en negen maanden', fluistert ze. En zo is het.

CELLO

'Ik houd mijn cello gewoon vast, dan heb ik hem alvast', zegt mijn oudste zachtjes als ze plotseling naast me staat. Op de voorspeelmiddag hebben ze het eerste stuk met zijn allen gespeeld en de bedoeling is dat iedereen zijn cello nu achter in de zaal legt totdat hij of zij aan de beurt is. Ze komt als vierde, dus dat duurt nog zeker een minuut of tien. 'Leg hem maar neer. Als je dan graag bij mij wilt zijn, kom je gewoon terug.' 'Nee, dat wil ik niet, dan ben ik misschien te laat.' Met zachte dwang laat ze zich leiden om even later weer naast me te staan. Ik sla mijn arm om haar heen. Dat moet niet, ze schudt mijn arm van zich af en schuifelt richting haar zusje, die een mooi plaatsje vooraan bemachtigd heeft. Dertig seconden zit ze naast haar zus, dan drentelt ze weer naar mij. 'Onder het spelen mag je niet lopen', fluister ik haar toe. Boos kijkt ze me aan. 'Waarom niet?' Ze zegt het net iets te hard. 'En ook niet praten', voeg ik eraan toe. 'Stil zijn en op één plek blijven, tussendoor mag je lopen.' Kwaad beent ze weg en ze voegt zich bij de andere cellokinderen, die met zijn allen braaf achter in de zaal zitten.

Vanochtend vroeg was het al duidelijk dat het geen gemakkelijke dag zou worden. De eerste keer meedoen aan een voorspeelmiddag is natuurlijk reuzespannend, en zeker als je niet goed weet hoe het precies gaat. Gelukkig is het in de grote zaal van haar eigen school, dat is bekend terrein en ik durf aardig te voorspellen hoe het verloop zal zijn. Maar ik weet niet wanneer ze precies ingepland staat, ik weet niet of er een pauze is en wat er dan te eten en te drinken is en ik weet ook niet of die ene klasgenoot (waar ze een beetje verkikkerd op is) naar zijn broer komt luisteren. Ik kan bovendien niet garanderen dat ze foutloos speelt en het helpt niet om te zeggen dat het niet erg is. Zo goed en zo kwaad als het gaat nemen we keer op keer de middag door en onwillig laat ze zich verleiden tot wat afleidende activiteiten. De uren kruipen voorbij, het gaat zo langzaam dat ze er nauwelijks nog op vertrouwt dat het ooit drie uur zal worden.

Daar gaat ze. Dapper loopt ze naar voren, haar stuurse blik naar de grond gericht. Hoekig zet ze zich neer. Eerst een *flageolet* als controletoon voor de juiste vingerzetting, dan een knik naar de cellojuf dat ze klaar is om te beginnen. Ze knikt weliswaar, maar maakt geen contact. Dus zonder af te wachten zet ze het eerste stuk in, juf valt haar behendig bij. Ze strijkt stevig, een robuuste klank vult de zaal. IJzersterk is haar tempovastheid. Maar als ik haar zie zitten, breekt mijn hart. Hoge schouders, ingehouden adem, alle rolluiken zijn neer en met zware hangsloten verankerd, zo heb ik haar in lange tijd niet meer gezien. Wat kost dit haar veel moeite, wat ziet ze er verschrikkelijk boos uit. Haar linkerhand als een trillende klauw naast de hals, het is een wonder dat er muziek uit komt. Nou ja, muziek, het is meer een automaat – of is dat mijn beleving, omdat ik zoveel meer zie?

Even later staat ze naast me, haar lijfje totaal oververhit. Als ik niet beter wist, zou ik denken dat ze veertig graden koorts had. Voorzichtig houd ik haar vast terwijl ze uit staat te dampen. Ik ben zo apetrots dat ze zichzelf over de drempel heeft geschopt.

BESCHIKKING

'Even denken. Wanneer heb ik die aanvraag voor het rugzakje nou op de bus gedaan? Dat moet een week of vier geleden zijn geweest. Volgens de juf doen ze er meestal zes weken over. Als het meezit, hebben we dan begin volgende maand bericht.' Diezelfde dag ploft er een brief van het Regionaal Expertise Centrum, het REC, op de mat. Even heb ik een déjà vu. 'Mm, wat voor aanvullende informatie hebben ze nu nog nodig', denk ik terwijl ik de envelop openscheur. Er is zo'n mooi zinnetje uit de bevestigingsbrief blijven hangen: 'Wij hebben waarschijnlijk genoeg gegevens van uw dochter om een besluit te kunnen nemen.' Waarschijnlijk genoeg gegevens? Creatief indekken heet dat. En dan hebben ze volgens de wet acht weken om te reageren, maar die acht weken gaan opnieuw in als ze aanvullende informatie nodig hebben. Let wel, pas wanneer die aanvullende informatie is ontvangen gaat die tweede termijn van acht weken in.

Het is vrijdagmiddag, halftwee, helemaal geen handig moment trouwens om nu de post door te nemen, want we staan net klaar om naar de verjaardag van ons nichtje te gaan. Maar ik ben te nieuwsgierig naar wat me boven het hoofd hangt en hoeveel extra papier ik nog moet produceren. Indicatienummer... betreft... geachte blabla... De CVI van REC 't Gooi, Utrecht, West-Veluwe (4-4) heeft positief beschikt over de aanvraag inzake uw dochter... blabla... beschikking met betrekking tot een cluster 4-school (ZMOK/LZK-psychiatrie, PI-school) is in heel Nederland geldig voor de geldigheidsduur waarvoor deze is afgegeven. Joechei! Wat, waar, staat het er echt? En voor hoe lang dan? Ik zoek de bladzijde af, maar het staat er niet. O, er is nog een papier en kijk nou eens het gaat met terugwerkende kracht per afgelopen maandag in, maar voor hoe lang dan? Ah hier, het recht is geldig tot uiterlijk 01-08-2011. Tot augustus 2011? Wanneer is dat? Is dat, dat is haar hele basisschooltijd, wat geweldig!
Ik gooi de kinderen in de auto, race naar school ('Wat ga je doen mam?' 'Blijf even zitten, ik ben zo terug, even iets bij de juf afgeven') en stuif

opgetogen de klas binnen. Ik ben zo blij! Zo blij voor de juf. Zo blij voor mijn kind. Ik zweef tien centimeter boven de grond, zo opgelucht en blij ben ik.

SOEP

Zo, nu even diep ademhalen. De TOG is afgewezen, het rugzakje juist supersnel toegekend, tijd om aan de PGB-procedure te beginnen. Ik hoef niet de hele rimram, maar het zou fijn zijn als we een beetje financiële ondersteuning krijgen om ons meisje verder op weg te helpen in het leven. Tot nu toe heb ik de onderzoeken en therapieën zelf betaald, maar de bodem van ons reservepotje is al enige tijd in zicht. En ik moet onder ogen zien dat het verstandig is om af en toe een weekend of een week echt bij te tanken. Zoals anderen dat doen, in wat ze dan vrije tijd of vakantie noemen. De oma's worden een dagje ouder en moeten er flink aan trekken als ze hun kleinkind te logeren krijgen. Twee nachtjes, misschien twee of drie keer per jaar, is het maximum en bovendien is het de vraag hoelang ze dat nog volhouden. Het goede nieuws is dat daar het PGB-geld voor uitgevonden is. Dat zei de TOG-mevrouw een paar maanden geleden, dat suggereerde de psychiater al vorig jaar. Ik had alleen wat tijd nodig om eraan te wennen. Aanvragen dus.

Ik sleep me naar de computer en kijk naar buiten. Eerst maar eens rekeningen betalen, dat moet ook hoognodig gebeuren. Wat moest ik nog meer doen? Donkerte pakt zich in mij samen, balt zich tot een zwarte klomp, precies passend tussen mijn sleutelbeen en de bovenkant van mijn navel. Mijn gedachten flitsen van hot naar her en vinden maar geen richting, roerloos liggen mijn vingers op het toetsenbord. Ik staar naar het maagdelijke googlescherm, maar ergens tussen hoofd en handen stokt de stroom. Koffiezetten, eerst koffie, dat heb ik nodig.

Opgewekt zet ik mijn kopje koffie naast het scherm. *Take two*, aan de slag, kom maar op. PGB dus, eens even kijken waar ik mijn licht kan opsteken. Bureau Jeugdzorg (en ik dwaal van Nederland naar de provincie, naar overzicht hulpaanbod, maar ik voel me niet thuis tussen de kindermishandeling en hulp op wijkniveau), MEE (Nederland, beleid, organisatie, voor wie, aha contact, o provincie, sociale kaart, eh, belangenbehartiging misschien?), CIZ (aanmeldmodule, aanmeld-functionaliteit, CIZ in uw regio, zoeken dan maar op PGB, handige vragen&antwoorden, o ze verwijzen naar MEE, maar daar werd ik niet echt wijzer), Per Saldo (aha een starterspakket), VWS (wat zegt de wet-gever eigenlijk zelf over het Persoonsgebonden Budget).

Er staan steeds meer bomen in het bos. Is het nou simpel of begeef ik me in een slangenkuil? Waar is mijn scherpe blik gebleven om de hoofd- van de bijzaken te onderscheiden? Wie heeft die soep in mijn hersenen gegooid? Woest klik ik alle schermen dicht. Ik ga douchen, morgen weer een nieuwe dag.

De volgende dag pak ik dapper de draad van de PGB-aanvraag weer op en ik worstel mij door de verrassend toegankelijke ambtenarentaal van het ministerie en het CIZ, het Centrum Indicatiestelling Zorg. Ik begin te snappen hoe het systeem van ondersteunende en activerende begeleiding werkt en wanneer je wel of niet een beroep kunt doen op persoonlijke verzorging en zorg met verblijf. Er wordt op onnavolgba-re wijze gegoocheld met 'klassen' en 'functies' en 'grondslagen', maar daar heb ik als aanvrager zo te zien weinig invloed op. Dan lees ik iets raars. Ik lees het nog een keer, en nog een keer. Er staat: 'U hoeft het PGB niet per se te besteden aan de functie(s) waarvoor u geïndiceerd bent. Als u bijvoorbeeld bent geïndiceerd voor persoonlijke verzor-ging, mag u het PGB ook besteden aan bijvoorbeeld verpleging.'

Begrijp ik nou goed dat je eerst een tot op de minuut nauwkeu-rig budget toegewezen krijgt in een tot op de millimeter gedefinieerd zorghokje en dat het – als het geld eenmaal op je rekening staat – niet dondert hoe je het besteedt, als je het maar kunt verantwoorden bin-nen de algemene regels en richtlijnen van waar een PGB voor bedoeld is? Hier breekt mijn klomp. Ik surf me gek tussen alle instanties om helder te krijgen waar mijn dochter voor in aanmerking komt, maar uiteindelijk is het dus lood om oud ijzer. Hoe kunnen ze dan van mij verwachten dat ik serieus een papier ga zitten invullen? Ik gooi mijn lier aan de wilgen en ga de was doen.

PRIK

'Waarom gaan wij nu al? De andere kinderen uit de klas moeten allemaal later.' We fietsen samen meteen uit school naar het wijkcentrum. Twee weken geleden viel de oproepkaart in de bus. De oudste moet een prik. Deze keer is het gelukt om met de schooldokter van de GGD de afspraak te maken dat we een kwartiertje voor de vaccinatiemeute uit komen. 'Hoezo, hoeven we dan niet te wachten? Als we moeten wachten, vind ik dat helemaal niet erg, hoor. En weet je, mam, het is ook niet dat ik het spannend vind, ik vind het alleen zo *raar*.'

Hm, ga ik nou *te* voorzichtig te werk, heb ik me zo vergist? De laatste keer dat ze aan zo'n massale prikronde heeft meegedaan, is alweer vijf jaar geleden. Toen moesten we naar een gymzaal vol springerige, ietwat nerveuze en daardoor extra uitgelaten kinderen. Aansluiten in de rij en eerst twintig keer meekijken hoe die ander geprikt wordt. In al mijn naïviteit dacht ik nog dat het therapeutisch kon werken, dat ze zou zien dat de meeste kinderen even op hun tanden bijten en het dan snel klaar is. Wist ik veel. Toen ik in verhuistijd de oproep kreeg voor de herhaalprik difterie/tetanus/polio ben ik dat maar 'vergeten'. Maar ik moet er natuurlijk niet van uit gaan dat ze nu weer zo bang is als de vorige keer. 'Men' zegt dat je op die manier een patroon in stand houdt, en dat wil ik natuurlijk niet. Aan de andere kant, toen ik haar onlangs meenam naar de apotheek, was dat al een hele klus.

'Mam, hoelang duurt die prik? Hoeveel seconden? En doet het pijn? Hoeveel pijn doet het?' Ze blijkt de halve klas gevraagd te hebben hoe lang de prik duurt en de antwoorden variëren van drie tot dertig seconden, dus moet ik het even precies aangeven. 'Vraag straks maar aan de zuster om eerst goed uit te leggen wat ze gaat doen, hoe lang het duurt en hoe het allemaal gaat. Daar is alle tijd voor.' In vijf minuten fietsen is alle bravoure verdwenen. Krom struikelt ze naast me het gebouwtje in. Ik mag haar niet meer vasthouden.

Ik verzamel alle kracht die ik in mij heb, bid dat ze bij het prikken geen moeilijke vragen gaan stellen over de gemiste vaccinatie en hoop dat de organisatie op ons rekent en mijn verzoek niet ergens in het GGD-woud is gestrand.

Het prikpeloton staat op een kluit bijeen voor de laatste instructies en kijkt verstoord op als we binnenkomen. 'Ik had gebeld, we mochten iets vroeger komen', zeg ik tegen niemand in het bijzonder. Zowaar, er maakt zich een dame los die meteen actie onderneemt en twee andere dames mobiliseert. De rest kijkt verbaasd toe, ongebruikelijke gang van zaken blijkbaar. In kamer 1 vult een mevrouw de papieren in. 'Gaat het hier gebeuren? Ik wil dat je eerst vertelt wat je gaat doen en hoeveel seconden het duurt.' Het klinkt misschien wat bot en brutaal, maar ik vind mijn dochter hartstikke dapper. Helaas, dit is de afdeling administratie, stempelen en mouw opstropen. We steken de gang over naar kamer 2.

'Nee mama, nee, ik wil dit niet', huilt ze op de drempel. Uiteindelijk hebben we dik tien minuten nodig om haar in alle rust dat ene prikje (van, zo blijkt, zeven seconden) te geven. Wat ben ik blij dat ik heb geluisterd naar dat stemmetje binnenin dat we het zo moesten doen...

PRIKKELDRAAD

'Wat doe je nou? Waarom maak je me wakker? Ik wil dat niet!' 'Jij moet mijn kleren uitzoeken. Nee, niet die stomme broek, ik wil een andere.' *Ook goedemorgen, lieve schat, fijne dag verder.* 'Weet je wat ik niet leuk vind…' en er volgt een litanie aan klachten waarin veel muggen tot olifant worden gebombardeerd. 'Wie zegt er dat ik die limonade wil? En waarom mogen we maar één koekje, ik wil ook nog iets uit de snoeptrommel. Nou, ik vind het stom dat wij nooit iets mogen van jou!' *Ook goedemiddag, lieve schat, fijne dag gehad op school?* 'Ik wil niet dat je me napoetst, dat doe je bij mijn zus ook niet en die is veel kleiner. Jij moet met mij een spel doen, want bij haar (knikt met vies gezicht naar de kamer van haar zusje) heb je voorgelezen. *Nog* een spel. Dat is niet eerlijk! Bij haar ben je veel langer gebleven en bij mij wil je dat nooit!' *Jij ook welterusten, lieve schat, fijn om de dag zo genoeglijk af te sluiten samen.*

Ik kan het niet meer horen. Ik zit erdoorheen. Ik heb het helemaal gehad. Van de vroege ochtend tot de late avond is het niet goed of het deugt niet. Ze is zo vaak boos, om niks, om alles, dat ik het niet meer leuk vind. Niet leuk meer? Ik verdraag het niet meer! Donkere ogen boren zich bij me naar binnen, snauwen en grauwen vliegen me om de oren. En ik, ik handhaaf de regels, herhaal waarschuwingen en verman mij. Meer en meer trek ik het prikkeldaad op om mij te beschermen. Als ik dan op een dag vol van afhouden, afwijzen, standhouden en negeren naar mijn hoofd geslingerd krijg dat ik nooit iets met haar wil doen, dan breek ik. 'Het is ook nooit goed bij jou, en nooit genoeg! Ik heb het helemaal gehad! Ik kan er niet meer tegen!' Verbaasd kijkt ze me aan en ik weet dat het oprecht is dat ze niet begrijpt waar het over gaat, wat ik bedoel. Ook al heb ik de afgelopen dagen en weken talloze keren de grens aangegeven, ze snapt niet waarom ik nu zo ontplof. Maar het jaagt haar wel schrik aan. Ze deinst terug als een kat in het nauw, probeert of ze het goed kan maken. Maar zodra ik haar de hand reik, claimt ze me weer volop.

Ik geef het op.

FORMULIEREN

Voor de zoveelste keer verzamel ik mijn moed en zet ik me aan de aanvraag voor een PGB. Ik ben zelfs zover dat ik me wil laten helpen. Vol goede moed bel ik met MEE. Het vinden van het juiste telefoonnummer voor onze regio is al een hele klus op hun website, maar kom, laat ik me daar nu niet ook nog over gaan opwinden. Ik zoek een rustig plekje in huis zodat ik vrijuit kan praten. Even diep ademhalen om de tranen die deze dagen zo vooraan zitten naar achter te dringen. Ik verbaas mezelf er telkens weer over als ik bij het minste of geringste begin te janken. Voordat ik aan deze procedure begon, kon ik me niet eens herinneren wanneer ik voor het laatst gehuild had. Ach, die tranen spoelen me meteen mooi schoon – zeggen ze.

'Goeiemiddag, ik ben bezig met een PGB-aanvraag voor mijn achtjarige dochter met autisme. Hoewel ik goed kan lezen, merk ik dat ik het best moeilijk vind om die aanvraag goed op te stellen. Nu heb ik begrepen dat jullie daarbij kunnen helpen. Kunt u mij zeggen hoe dat in zijn werk gaat?' De trilling onder in mijn stem valt ze waarschijnlijk niet op. Ik geloof dat ik het droog ga houden. Het wordt echter een verrassend kort telefoontje. De bijzonder vriendelijke dame – dat wel – zegt me dat ze een folder zal opsturen en als ik dan nog vragen heb, kan ik natuurlijk altijd nog een keer bellen. Het valt me een beetje rauw op mijn dak. Ik bedoel, folders vinden lukt online ook nog wel. 'Houdt u ook spreekuur of kan ik gewoon binnen komen lopen?' schutter ik een beetje. Met een 'Als dat nodig is, kunt u het beste een afspraak maken' houdt de mevrouw de boot af. Nou ja, dan wacht ik eerst de post maar af, misschien is het een superverhelderende handleiding die me eindelijk de handvatten biedt waarnaar ik op zoek ben. Laat ik met de adrenaline die nu door mijn lijf giert dan ook maar meteen het officiële formulier bij Bureau Jeugdzorg aanvragen, dan is de trein echt in gang gezet.

Twee dagen later ligt het aanvraagformulier van Bureau Jeugdzorg al in de bus. Met een flink pak vragen ze me het hemd van het lijf. Maar het gaat dan ook om een niet kinderachtige hoeveelheid geld, zo ben ik inmiddels te weten gekomen. Dus ik maak mijn borst nat en begin goedgemutst met invullen.

Tralala, de gebruikelijke riedel: gegevens jeugdige, gegevens natuurlijke moeder (grappige terminologie, is dat nog weer anders dan de biologische moeder?), gegevens natuurlijke vader, geen stief- of pleegouders, niks anders (dat gaat als een speer, o, wat zijn we toch een keurig gezin), verzekering, huisarts, medicijnen, gezinssamenstelling, dagbesteding. 'Voor jeugdige belangrijke personen uit het sociale netwerk', wat zouden ze daarmee bedoelen? Een soort mantelzorg-check? En is 'instellingen eerder betrokken bij jeugdige of gezin' dan een manier om te kijken of je eerder je best gedaan hebt om hulp te zoeken? Ik laat deze vragen maar even open tot de MEE-info binnen is. Dat was formulier één, nu het tweede.

Ik blader de vragen door en raak enigszins geïntimideerd door de opzet. Ik kan het niet helpen dat het voelt als een fuik. Het begint braaf met algemene vragen of er een officiële stoornis is en door wie die is vastgesteld. Dan volgt een aantal vragen over hoe het op school gaat, maar daarin zijn ook vragen opgenomen over 'of het kind wel eens andere kinderen mee naar huis neemt' en hoe dat dan gaat. Maar wat moet ik nou met vragen als 'Hoe staat uw kind op?' en 'Vertoont uw kind uitzonderlijk gedrag?' (drie regels voor het antwoord). De vraag 'Vertelt uw kind uit zichzelf?' kan ik gelukkig snel beantwoorden: nee.

Duizelig sluit ik het formulier. In mijn hoofd en hart blijven de vragen en antwoorden rondkolken. Elke vraag roept een wereld aan associaties op. Simpele antwoorden gaan voorbij aan de complexiteit die ik ervaar. Zal ik ze gewoon naar mijn weblog verwijzen? Maar daar maken ze natuurlijk geen formulieren voor. En ja hoor, daar zijn de tranen weer.

OP STAP

'Morgen gaan we naar opa. Omdat hij erg ziek is geweest, kunnen we niet zo lang blijven. Dus we gaan alleen koffiedrinken en daarna –' 'Alleen maar koffiedrinken? Dat hele eind rijden en dan zo kort blijven?!' onderbreekt ze me. Ik zet me schrap, want ik weet dat wat ik nu ga zeggen niet goed zal vallen. 'Ik was ook nog niet uitgepraat. Daarna gaan we samen nog iets leuks doen in Zwolle.' 'Naar Zwolle? Waarom gaan we naar Zwolle? Wat gaan we daar doen? Ik wil dat niet!'

Het is vakantie. Opa is net terug uit het ziekenhuis en het lijkt me een goede gelegenheid om een sociaal bliksembezoek, 135 kilometer verderop, te combineren met een gezinsuitje. Tegen beter weten in zwerf ik over het internet op zoek naar iets geschikts. Ook al wik en weeg ik tot ik een ons weeg, het is nooit goed voor mijn oudste. Toch zoek ik net zolang tot ik iets vind waarvan ik denk dat het kans van slagen heeft. Ik hoop in elk geval de jongste een leuke dag te bezorgen.

'We gaan naar het Ecodrome.' Zo, het hoge woord is eruit. 'Wat is dat, zeker weer een mu-se-um', zegt ze zo chagrijnig als het maar kan. Alsof wij zo vaak naar een museum gaan, dat is een van de eerste uitjes die ik opgegeven heb met dit kind. Ik moet mijn best doen om rustig te blijven. 'Het is een soort park waar je –' 'O, joepie een attractiepark! Is er ook een reuzenrad?' 'Nee zo'n park is het niet…' Maar ik krijg wederom de kans niet om duidelijk te maken waar we naartoe gaan. 'Bleh, dan vind ik er niks aan. Ik wil niet. En ik vind het niet eerlijk, we moeten het samen eens zijn. Dat geldt voor jullie altijd maar voor mij niet! Ik wil niet dat we gaan. We gaan gewoon naar opa en daarmee klaar.' Nee, dat klopt, als we naar haar luisteren komen we nooit ergens, dus in zekere zin heeft ze gelijk, maar ik laat me verdorie geen schuldgevoel aanpraten. 'Ik zal je de website laten zien, dan kun je alvast een beetje kijken hoe het er daar uitziet en wat er te doen is.' Zuchtend verplaatst ze zich naar de computer. De plaatjes vindt ze verrassend genoeg wel *cool*, maar ze wil er verder niks van weten.

Natuurlijk zetten we door. Natuurlijk maken we structuur in de dag zodat ze houvast heeft. En al wordt het hangen en wurgen, we slaan ons er wel weer doorheen. Tien tegen een dat ik ergens mijn geduld verlies en uit mijn slof schiet. Tien tegen een bovendien dat ze het aan het eind van de dag 'best leuk' heeft gevonden, al hebben we daar in de praktijk niets van gemerkt. Jammer dat alle energie die het kost om zo'n 'gezellig' uitje te maken ten koste gaat van de aandacht voor zusjelief. Onze jongste, met wie je in de regen op de fiets nog een feestje kunt maken, die dol is op avontuur en onverwachte gebeurtenissen, die gek moet worden van het gezeur op zo'n dag, maar *haar* hoor je niet klagen. Morgenavond kun je me opvegen. Morgen gaan we naar het Ecodrome, ik heb er nu al geen zin meer in...

'Hoe ver is het rijden?' vraagt ze als we tien minuten in de auto zitten. 'Ongeveer een uur, denk ik, dat ligt aan het verkeer.' Altijd ruim inschatten heb ik geleerd, dan worden we niet op de minuut vastgepind. 'Ben je er dan wel eens eerder geweest?' 'Nee, maar ik weet wel hoe ver het is.' 'Weten jullie wel de weg, dan?' 'Ja hoor, dat komt goed, we hebben het opgezocht.' 'Maar als jullie nou niet de weg weten, wat dan?' 'Lieve schat, het komt goed, laat het maar aan ons over. Ga jij lekker muziek luisteren.' 'Ja maar –' 'Nee, stoppen nu. Genoeg hierover.' Op de achterbank pruttelt ze nog even na, maar ze weet wel dat doorvragen nu geen zin meer heeft. Dat wil nog niet zeggen dat het haar ook lukt om er niet meer over te beginnen, maar voor nu is het even rustig.

'Is het hier? Stom zeg.' Zo, de toon is gezet en we zijn nog maar op het parkeerterrein. 'Zie jij de ingang?' vraag ik aan mijn man, want dat is wat onduidelijk bij het Ecodrome. 'O jee, weten jullie niet waar de ingang is? Hoe moet dat nu? Waarom lopen we daarheen, als dat nou fout is?' Maar natuurlijk vinden we het entreegebouw. Met haar zusje aan haar hand stormt ze naar binnen.

'Alstublieft, uw kaartjes', zegt de kassajuffrouw en ze doet er nog wat informatie bij over de dagactiviteiten. 'Wilt u ook een herinnerings-
boekje voor €2,50? Er staat een leuke speurtocht in voor de kinderen

en als ze de antwoorden op het eind inleveren, krijgen ze een diploma.'
'Dat wil ik niet, hoor! Ik ga geen stomme vragen beantwoorden en ik wil
ook geen speurtocht', roept mijn meisje met de grote oren van een grote
afstand. Ik doe alsof ik niks hoor en koop dat boekje erbij, soms werkt
het juist om zo'n speurtocht te gebruiken om haar ergens doorheen te
loodsen.

Eens even kijken, hoe gaan we het doen? Buiten komen we als eerste
een soort skelters met enorme wielen tegen. Daar wil ze graag op, wat
mij de tijd geeft om wat papierwerk te bestuderen en de omgeving op
me in te laten werken. 'Kom, we gaan eerst die kant op, naar het ontstaan van de aarde.' 'Nee, dat wil ik niet! Ik wil hier blijven!' Als het
kleuters zijn, wil je daar nog begrip voor opbrengen, maar bij een bijna-
negenjarige is dat niet leuk meer. We zijn amper tien minuten binnen
en ik kan al niet meer voelen waarom het leuk is om dit te gaan doen.
Consequent zijn en weglopen gebruik ik graag als tactiek, maar haar nu
al alleen laten is niet verantwoord, ze is nog maar net op nieuw terrein
en voelt zich verschrikkelijk onveilig. Daarom wil ze blijven waar ze is,
dat kent ze nu. We praten haar van de skelter af en nemen haar mee met
de belofte dat we nog terugkeren. De kop is eraf, we zijn op stap.

SPIRAAL

Een vriend vraagt me hoe het gaat en ik vertel dat mijn man en ik allebei een flinke werkpiek te verhapstukken hebben. Op de grens van 'te druk'. Dat het met de oudste bovendien erg moeizaam gaat, maakt het niet gemakkelijker. 's Avonds echoot het gesprek na in mijn hoofd. Zou het zo kunnen zijn dat onze werkspurt samengaat met de boze periode van onze oudste? Ligt het dan aan ons? Maar we doen al zo ons best om ons werk om haar heen te plannen, ik werk al zoveel minder dan ik me had voorgenomen, het is ons toch niet aan te rekenen dat we ook nog willen werken?

Ik probeer mijn verontwaardiging los te laten. Boos is vaak de buitenkant van angst. Het is onmiskenbaar onrustiger thuis, en papa en mama zijn veel weg, al proberen we elkaar daarin af te wisselen. Ik moet toegeven dat ik weinig ruimte heb om haar boosheid te verdragen. Om te voorkomen dat ik om de haverklap ontplof, sluit ik me af en negeer ik haar zoveel mogelijk. Ik voer een soort gedoogbeleid. Dat klinkt vreselijk, en dat is het ook. Maar hoe moet je aardig zijn tegen iemand aan wie je niks aardigs kunt ontdekken? Ik schrik van mezelf. Deze negatieve spiraal ben ik vaker ingedoken. Hoogste tijd om het anders te gaan doen. Maar hoe?

De volgende dag kijk ik naar mijn oudste. Naar haar lange, bruine haren die sluik langs haar gezicht vallen. De donkere, bruine ogen met stevige, zwarte wenkbrauwen erboven. Haar gladde, altijd ietwat getinte huid. Ik probeer alleen maar te kijken – zonder bijgedachten, zonder oordelen. 'Wat?' zegt ze vol verontwaardiging. 'Hoe bedoel je?' vraag ik haar. 'Je zit zo naar me te kijken', zegt ze. 'Wat is er?' 'Er is niks, ik kijk gewoon naar jou. Naar hoe je er ook alweer uitziet.' Een groot vraagteken verschijnt op haar gezicht, maar ook een flauwe glimlach om haar mond. 's Avonds ga ik even naast haar liggen, in haar hoge bed. Ik ben zo moe dat ik het liefst naast haar in slaap zou vallen. Ik doe mijn ogen dicht en zak al weg. Plotseling voel ik een vinger mijn wang strelen. 'Lieve, lieve mama, jij bent de allerliefste', prevelt een duimelotje naast me. En met een schok realiseer ik me dat ze dat nog nooit tegen me gezegd heeft. Ontroerd houd ik mijn ogen stijf dicht, ik sla mijn arm om haar heen en geniet van dit kostbare moment. De spiraal is weer doorbroken, en hoe.

HOND

'Mag ik bij Hella gaan spelen?' Ik klem met moeite mijn kaken op elkaar zodat mijn mond niet openvalt, want bij Hella thuis woont een hond. Een *hond*! In de kleuterklas heeft ze zich één keer laten verleiden om bij Hella te gaan spelen en hoewel het beest braaf in een andere kamer bleef, weigert ze sindsdien systematisch. 'Hella is mijn beste vriendin, ik kan alleen niet bij haar spelen want ze heeft een hond', is een gevleugelde uitspraak geworden als mensen vragen met wie ze het liefste speelt. Hoe je beste vriendinnen kunt zijn zonder elkaar buiten schooltijd ooit te zien is me een raadsel, maar mijn oudste heeft nu eenmaal heel eigen opvattingen over vriendschap. 'Ja hoor, dat kan vandaag wel', zeg ik dus zo luchtig mogelijk.

Opgetogen lopen de meiden naar de moeder van Hella. 'We willen samen spelen, bij Hella, kan dat?' De moeder kijkt bedenkelijk en ik denk: 'O nee, zeg alsjeblieft ja', maar misschien heeft ze helemaal geen zin in mijn kind, dat kan natuurlijk. 'Ik wilde eigenlijk naar de bibliotheek gaan', zegt ze. 'Nou en!' schreeuwt mijn hart. 'Kijk naar dat kind, voor het eerst in drieënhalf jaar tijd heeft ze voldoende moed bijeengegrabbeld, voor het eerst is de noodzaak om samen te spelen groter geworden dan de angst, honoreer dat. Alsjeblieft!' Tot mijn opluchting hoor ik de moeder zeggen: 'Als je dan na de lunch komt en tot uiterlijk vier uur, dan kan het wel. In ons nieuwe huis kan de hond niet meer in een andere kamer, maar ik bind hem wel vast aan de verwarming. Is dat ook goed?' Intussen ben ik op ze toegelopen, mijn meisje kruipt dicht tegen me aan en met een klein stemmetje zegt ze: 'Dat is goed. Maar gaat hij dan niet blaffen?'

STEUN

Het duurt een volle week voordat de brievenbus kleppert, dus de verwachtingen zijn hooggespannen. Maar de PGB-informatieset van mee
stelt me zwaar teleur. Het is een zwart-witkopietje van de CIZ-folder.
Nou ja! Daar ben ik echt enorm mee geholpen, heel hartelijk bedankt,
hoor… Het is het laatste zetje om nu serieus hulp te zoeken bij het op-
stellen van de PGB-aanvraag. Ik surf nog eens rond in de favorieten die
ik de afgelopen maanden verzameld heb, maar krijg niet echt een goed
gevoel bij de bureaus bij mij in de buurt die 'gratis' hulp aanbieden op
basis van no cure no pay. Bij Per Saldo moet je, lijkt het, eerst een PGB
hebben voordat je aanspraak op ondersteuning kunt maken. De NVA,
de Nederlandse Vereniging voor Autisme, doet wel heel veel voor ouders, maar ik heb niet de indruk dat ze individuen ondersteunen bij
zoiets als formulieren invullen. Weet je wat, ik word wel meteen lid van
beide clubs, ik ben nu toch bezig. Zo, weer een drempel genomen.

Wat nu? De equitherapeute had het over een PGB-consulente die ze
goed kende, misschien kan die mij helpen? Ze beantwoordt prompt
mijn mailtje en ze is alleraardigst aan de telefoon, maar ze 'werkt niet
in mijn rayon' en kan dus (?) niets voor mij betekenen. Ik begrijp het
nog niet helemaal, een PGB is toch een landelijk iets? Heel behulpzaam
zegt ze dat ze wel even opzoekt wie bij mij in de buurt de aangewezen
persoon is. Dat is toch wel lekker, iemand die met me meedenkt en ook
meteen handelt. Voorzichtig oefen ik in loslaten en geholpen worden,
dat is nog helemaal niet zo eenvoudig voor iemand die graag zelf de
touwtjes in handen heeft.

De volgende dag al ontvang ik een lijst met een overzicht van 'Regi-
onale PGB-consulenten GGZ' en ze heeft die van ons alvast gifgroen ge-
arceerd. Er blijken dus PGB-steunpunten te bestaan bij de GGZ. Wat een
openbaring, dat was ik echt nog nergens tegengekomen. Niet dat je dat
op www.ggz.nl of op www.ggznederland.nl kunt vinden, maar met wat
googlen blijken ze wel op te sporen. Hier kun je dus geholpen worden

zonder dat er sprake is van enige belangenverstrengeling. Ik bel ze meteen en heb voor ik het weet een afspraak om de boel op een rij te zetten.

Ik ben zo blij, ik kan wel dansen!

JEROEN

'Mama, ik zou zo graag een keer met Jeroen spelen, maar ik kan het hem nooit vragen.' 'Wat bedoel je, meisje?' 'Nou gewoon, ik kan het hem nooit vragen want hij heeft nooit tijd.' 'Bedoel je dat hij druk is met andere dingen en niet kan afspreken om te spelen?' 'Nee-hee, begrijp het dan. Hij is nooit alleen, hij is altijd maar met zijn vrienden bezig, dus dan kan ik hem niet vragen of hij wil spelen.' En wat zachter vervolgt ze: 'Ik durf het eigenlijk ook niet te vragen, want hij wil toch niet met me spelen… Volgens mij is hij op Anke en zij ook op hem, want ze zitten altijd zo stom te doen samen. Denk jij ook dat Anke op Jeroen is?' Daar begon het mee, ongeveer een week geleden. Een onschuldige wie-is-op-wie-kwestie van een verliefde achtjarige.

Dinsdagavond fietsen we terug van de avondvierdaagse. Met de hele klas lopen ze deze week 'de vijf kilometer' van de jaarlijkse wandeltocht. Tegen haar natuur in kwebbelt ze honderduit over wat ze allemaal gedaan en meegemaakt heeft. 'Jeroen is toch zo aardig, hè, hij deelt zomaar snoep uit, voor niks. Ik kreeg wel vier dingen van hem en hij hoefde er niet eens iets voor terug. En weet je, hij had ook een plantenspuit en hij spoot iedereen nat, mij ook. Denk je dat hij me aardig vindt? Denk je dat hij wel een keer met me wil spelen?' Met een grote glimlach hoor ik haar aan. In het hele verhaal is het Jeroen voor en Jeroen na, heerlijk toch, die ontluikende hartstocht.

Woensdagavond om tien uur gaat langzaam de deur van de woonkamer open: 'Ik kan niet slapen, ik moet steeds aan Jeroen en Anke denken. Denk je dat hij op Anke is? Hij zegt van niet, maar ik denk van wel. Anke zegt ook dat ze niet op hem is, maar ik zie toch dat ze steeds samen spelen en bij de avondvierdaagse liepen ze hand in hand. Ik vind dat niet leuk, ik moet er steeds aan denken.'

Als ik op donderdagmiddag met mijn jongste uit school gefietst kom, zie ik Jeroen net wegfietsen voor ons huis. Het is haar blijkbaar gelukt om zijn aandacht te krijgen en misschien heeft ze wel durven vragen of hij wil spelen. Maar ik tref haar aan in tranen. Hij heeft haar huissleutel afgepakt en weggegooid en ze weet niet wat ze moet doen. Hij draalt aan het eind van onze straat, ik ken hem als een aardige jongen en ik denk dat hij wel snapt dat hij fout zit. Ik help mijn dochter een stukje op weg en laat het ze samen oplossen.

Vrijdagmiddag uit school vraagt ze meteen: 'Mag ik naar het speeltuintje bij Jeroen?' Het is een stukje verderop, ze springt een gat in de lucht als ik zeg dat het wel mag. Tien minuten later is ze alweer terug. 'Hij is er niet. Zijn broertje zegt dat hij bij Stijn aan het spelen is. Mag ik daar dan naartoe?' Het buurmeisje is er inmiddels ook bijgekomen. Ik aarzel even, maar ach, ik weet wel waar Stijn meestal speelt en als ze goed uitkijkt bij het oversteken, mag ze daar wel gaan kijken. Ik voel hoe er grenzen opgerekt worden, maar ik gun haar zo dat ze haar actieradius vergroot dat ik er niet te lang bij stil wil staan. Na een dik halfuur piept de poort open en met veel misbaar wordt gemeld dat ze hem nergens kunnen vinden. Dat ze alle paadjes afgefietst hebben, maar dat er geen spoor van hem te bekennen is. 'En nu?' vraagt ze me verwachtingsvol. 'Eh, niks. Gewoon lekker gaan spelen.' 'Ja, maar hoe moet dat dan met Jeroen, we hebben hem nog steeds niet gevonden. Ik ga weer naar het speeltuintje, misschien is hij inmiddels thuis.' En zoef, weg is ze.

'Ik heb hem gezien, ik heb hem gezien! Ik fietste door het paadje bij Stijn en toen botsten we bijna tegen elkaar op en ik zei tegen hem: "Hee, Jeroen, wat doe jij nou hier?" en hij zei: "Hee, wat doe jij nou hier?" en toen fietsten we weer door. Nou, ik ga nog even naar het speeltuintje van Jeroen.' 'Hola, neem je horloge mee, je moet om kwart voor zes thuis zijn voor het eten.' Giechelend maken de meiden zich meteen weer uit de voeten. Pff, we schuiven geloof ik pardoes een nieuwe fase in. Na het eten wil ze meteen weer vertrekken naar, jawel, wat inmiddels Jeroens speeltuintje heet. Ik wil het niet. Het voelt niet goed. Ik krijg het plaatsvervangend benauwd. Ik kan het niet goed uitleggen en dus krijgen we ruzie. Ze is in alle staten en dramt me tot wanhoop. Maar ik houd voet bij stuk. Dat helpt nog als ze acht zijn, maar ik kan me plotseling de machteloosheid van ouders met pubers voorstellen.

Bij het slapengaan vraagt ze of ze de volgende dag toch zeker niet de hele dag op de verjaardag van haar zusje hoeft te blijven, of ze dan toch zeker wel naar Jeroen mag...

In de loop van zaterdag neemt de Jeroen-manie obsessieve vormen aan. 's Ochtends is ze er meteen vandoor naar Jeroen, dat wil zeggen, naar het speeltuintje bij hem voor de deur. Met een lang gezicht eet ze 's middags haar taartje en met veel gezucht en gehang blijft ze het verplichte uurtje bij de verjaardagsvisite, om daarna spoorslags te verdwijnen, naar Jeroen natuurlijk. Tussendoor komt ze klagen dat hij er niet is, niet naar buiten komt, er al lang had moeten zijn of vragen wat ze nou kan doen als hij er niet is.

Op het eind van de dag verzucht ze dat het geen leuke dag is geweest omdat ze eigenlijk de hele dag op Jeroen heeft lopen wachten. 'Dat snap ik. Misschien moet je dat morgen toch maar anders doen.' 'Hoezo?' klinkt het argwanend. Ik probeer haar uit te leggen dat je vriendschap niet kunt afdwingen en dat het eerder in haar nadeel werkt als ze zo intensief en eenzijdig contact zoekt. Ze begrijpt het niet, al doet ze wel haar best om naar me te luisteren. Als ik intuïtief besluit met de opdracht om de volgende dag helemaal niet naar Jeroen te gaan is ze even in paniek, maar algauw zie ik hoe haar lijf zich ontspant. Duidelijkheid, het blijft een wondermiddel voor dit meisje.

KNUFFEL

Toen ze zes maanden oud was, sloeg ze nooit haar armpjes rond mijn nek. Als dreumes gaf ze geen handje als we over straat liepen. Op driejarige leeftijd kwam ze niet spontaan op schoot. Als kleuter weigerde ze elke nachtzoen. Lange tijd was stoeien de enige manier om fysiek contact met haar te maken. Vanaf vierenhalf jaar kwam ze geleidelijk aan in beweging. Eerst op schoot, dan een knuffel en de laatste tijd gaat ze niet meer slapen zonder nachtzoen – al moeten dat er precies drie zijn, in het goede tempo, op de mond.

Ik was al bijna vergeten hoe het ooit anders is geweest. Totdat ze vandaag voor het eerst, acht jaar oud, haar armen om mij heen sloeg achter op de fiets. Voor het eerst! Wat voelt dat heerlijk. Met tranen in de ogen heb ik stilletjes genoten.

WONDER

'Mag ik met Jelmer spelen, bij ons?' Ik aarzel een ogenblik, Jelmer heeft namelijk ook autisme en niet de gemakkelijkste jongen. Aan de andere kant heeft ze al zo lang niet meer met iemand afgesproken dat ik het haar van harte gun. Ze springen samen een gat in de lucht als ik toestem en racen voor me uit op weg naar huis. Ik kan mijn borst natmaken, vrees ik, twee van die stuiterballen bij elkaar. Zijn moeder heeft gelukkig gezegd dat ik kan bellen als het niet lekker loopt, dat kent ze dus. Als ik thuiskom, zijn ze al naar boven. Naar boven? Mijn dochter gaat nooit op haar kamer spelen, ik heb het opgegeven om die ruimte aantrekkelijk in te richten om haar zo naar boven te lokken. Bovendien is het verdacht stil. Meestal moet er met veel lawaai en geschreeuw duidelijk gemaakt worden op wiens territorium ze zich bevinden. Moet ik me zorgen maken dat deze combinatie onoorbare praktijken bezigt? Meteen maar even poolshoogte nemen.

Tot mijn verbazing zitten ze rustig te kletsen en laat mijn meisje haar schatten zien aan haar nieuwe vriend. In volslagen harmonie kijken ze vragend naar me op als ik binnenkom. 'We gaan over vijf minuten lunchen, komen jullie dan naar beneden?' stamel ik. 'Ja natuurlijk', zeggen ze. Ik weet niet wat me overkomt als ze ook werkelijk na één keer roepen prompt beneden staan en genoeglijk aan tafel schuiven. We voeren zelfs een leuk gesprek. Na het eten gaan ze meteen weer samen aan het spelen: boven, buiten, beneden, ze wisselen organisch af. Voor het eerst hoor ik mijn dochter echt overleggen en zonder morren geeft ze zelfs toe als Jelmer liever wil fietsen dan voetballen. De hele middag heb ik er geen omkijken naar, ze hebben een wonderbaarlijk rustige invloed op elkaar. Het schijnt normaal te zijn, maar voor ons is het heel bijzonder dat een speelafspraak werkt. Ik hoop dat Jelmer nog eens vaker komt.

ENGEL

Onderweg naar het Steunpunt PGB, naar mijn afspraak met de PGB-consulent, zit ik opeens te klappertanden achter het stuur. Oké, het is nog vroeg en ik heb pas één bakje koffie gedronken, maar dit is toch wat overdreven? Verbaasd probeer ik het wonderlijke gebibber te stoppen, maar er is geen houden aan. Al snel doet het hele lijf mee. Ik ben blij als ik een ruime parkeerplaats zie. Zo, eerst maar eens even uitbibberen. Halleluja, wat moet er allemaal uit? Blijkbaar vergt dit meer van me dan ik wist. Zodra ik dat bedenk, vullen mijn ogen zich met tranen. Ook dat nog. Het moet niet gekker worden. Gelukkig heb ik een zakdoek meegenomen. Toch iets geleerd van die TOG-aanvraag.

Eenmaal binnen heb ik maar een paar minuten nodig om ook daar in tranen uit te barsten. De PGB-consulent is een alleraardigst meisje en ze kijkt niet op van mijn gesnotter en gewiebel. De tissues staan op tafel. De koffie is goed heet. Ze weten hier hoe ze de drempel moeten verlagen. Rustig neemt ze de leiding in het gesprek. Ze gidst me door de formulieren en als ze ziet dat het moeilijk wordt, zegt ze: 'Zal ik dat voor je doen?' Dus vertel ik haar over mijn oudste, ons leven met haar, de hobbels, de valkuilen en ook over haar kracht – die prachtig en verwoestend tegelijk is. En ik vertel over de jongste, hoe ze knel komt te zitten, hoe fijn het zou zijn als we voor haar wat meer lucht en ruimte in het leven zouden kunnen toelaten. Nog meer tranen vloeien. Wat zou ik zo ontzettend verschrikkelijk graag dat kleine meisje tegemoetkomen in haar behoefte aan afwisseling, flexibiliteit, chaos, kunst, spelen, VRIJHEID.

'Zo is het goed, ik heb genoeg', zegt ze zachtjes. Terwijl ik van de hak op de tak spring, heeft ze driftig zitten meeschrijven. 'Hier kan ik wel een biografie van schrijven en daar koppelen we dan de zorgvraag aan. Samen met de ingevulde standaardformulieren sturen we dat dan op. Ik mag het eigenlijk niet zeggen, maar als wij dat doen – met ons briefpapier – wordt dat meestal vrij snel afgehandeld. Zal ik dat dan maar doen? Ik stuur het je natuurlijk eerst toe zodat je het kunt aanvullen of corrigeren. Jij moet je er immers in kunnen vinden.' Ja, dat wil ik wel. Wat heerlijk als dat zo kan. 'Ik kan natuurlijk niks garanderen, maar het lijkt me dat ze het wel gaan honoreren.'

Dat had ze niet eens hoeven te zeggen, ik ben al zo blij met wat ze doet. Ik kan het wel van de daken schreeuwen: ik heb een engel ontmoet en ze heet Sarah!

Binnen een week mailt mijn engel Sarah de PGB-aanvraag. Het is een voorstel, schrijft ze, ik mag nog aanvullen of wijzigen als er dingen niet kloppen of als ze me niet goed begrepen heeft. Ik haal diep adem voordat ik het document open. Ik weet namelijk nog van de aanvraag voor het rugzakje hoe hard het aankomt als er zwart op wit staat wat je kind allemaal niet kan. Ook daarom valt het me zo moeilijk om zelf die papieren in te vullen, ik wil uitgaan van de mogelijkheden. Dat is al uitdaging genoeg.

Ik probeer diagonaal te lezen, maar het springt van het ene item naar het andere, dus er rest mij niets anders dan vooraan te beginnen en het helemaal door te lezen. Sarah heeft haarfijn de pijnpunten uit ons gesprek gefilterd. Dat heeft ze dus goed gedaan. Wat een ellende als je het allemaal op een rij ziet staan. Maar het is wel waar. Ook al komt de stelligheid waarmee het is opgeschreven hard aan, toch is het niet zwaar overdreven wat er staat. Ik druk mezelf op het hart om de tekst niet af te willen zwakken, dit is de taal die Bureau Jeugdzorg hanteert. Deze formuleringen passen in de beleidsregels waar zij mee moeten werken.

In anderhalf A4'tje worden de voetangels en klemmen opgenoemd. Is dit mijn dochter? Nee, of ja, dit is mijn dochter *ook*. Er staat niets onwaars in. Ik mail mijn engel dat ik blij ben met haar stuk. Gooi maar op de post. Op hoop van zegen!

NEGATIEF

Opgetogen ga ik naar de kinderpsychiater voor de controleafspraak. Er is zoveel positiefs gebeurd. De school heeft een rugzakje gekregen, ik heb de dappere stap gezet om een PGB aan te vragen en ondertussen lijkt ons meisje er wel bij te varen. Het gaat echt heel goed met haar, vind ik. Ze is een stuk beter aanspreekbaar dan een paar maanden geleden, zodat de sfeer in huis aanzienlijk verbeterd is. Het is ook mooi om te zien hoe ze nu plotseling rijp is om wat ik maar even 'goede gewoontes' noem aan te leren. Het hele schooljaar is ze niet één keer vergeten haar gymtas mee te nemen en elke dag zet ze braaf haar trommel en beker op het aanrecht. Als het programmeren goed lukt, heeft autisme ook zo zijn voordelen. Eindelijk hebben we ook geen woeste strijd meer over haren kammen, douchen en andere hygiënezaken. Nou ja, vergeleken met vroeger dan. Dus kom maar op met die afspraak, kan ik ook eens wat leuke dingen melden.

Terwijl mijn dochter bij de dokter binnen is, vermaak ik me met wat lectuur en relaxed drink ik een kopje koffie. Als ik aan de beurt ben, installeer ik eerst mijn meisje: ik zet haar aan het werk met 'wat dingen te doen' en wijs haar de klok waarop ze kan zien hoe laat het is. Ze laat me moeilijk los, maar ach, dat ken ik wel van haar: ze houdt er niet van om zichzelf te moeten vermaken. 'Het gaat niet zo goed met haar, hè', steekt de kinderpsychiater verrassend van wal. Dat valt me rauw op mijn dak. 'Waaruit maakt u dat op?' Het blijft een gek gevoel dat mijn dochter een halfuur alleen doorbrengt met een kinderpsychiater en ik meestal geen idee heb wat zich daar afspeelt. 'Ze is erg negatief over zichzelf. Ze zegt dat ze een kutkind is, dat ze lelijk is en te dik, dat ze niks goed doet en dat ze helemaal geen vrienden heeft. Dat vind ik erg zorgelijk. Ik heb haar ook even gemeten en gewogen om haar te laten zien dat het allemaal prima in orde is, maar dat maakte geen indruk. Hoe gaat het eigenlijk met vader? Waarom is hij niet meegekomen? Hij komt nooit mee, hè, heeft hij het er moeilijk mee?'

Het klopt helemaal niet dat mijn man nooit meekomt, de vorige keer is hij nog alleen gegaan! Ik begin me te verdedigen en ondertussen luister ik naar de herrie in mijn hoofd. Het ene stemmetje roept: 'Help, daar weet ik helemaal niks van dat mijn meisje zich zo slecht voelt, heb ik dan niet goed opgelet?' en het andere stemmetje zegt: 'Hoeveel waarde moet je daaraan hechten, hoe weet je nou waar je dochter zichzelf is en de waarheid vertelt en zit ze hier misschien gewoon wat interessante verhalen op te hangen om aandacht te krijgen?' Eén ding is zeker, dit wordt niet het ontspannen bezoekje dat ik voor ogen had…

OUDERAVOND

Op de uitnodiging voor de ouderavond staat dat we voor de pauze praten over wat we kunnen verwachten in het nieuwe jaar en na de pauze gaat het over het schoolreisje en nog wat andere zaken. 'Bij het eerste deel zal iemand van het bestuur aanwezig zijn.' Wat zou dat betekenen? Doen we het niet goed als ouders? Als klas? Krijgen we op onze kop? Het is een heel pittige klas die juf onder haar hoede heeft, dus misschien heeft ze meer ondersteuning nodig. Of… Nee, die gedachte wil ik niet toelaten. Maar stel dat het waar is?

In de loop van de dag komt de vraag telkens weer bij me op: zou juf weggaan? Ik wuif de zorgen weg en bedenk plots dat juf geen full-timebaan heeft en in de vierde klas gaan de kinderen alle middagen naar school, dus dan komt dat niet meer uit. Dit jaar was het ook al puzzelen met vakleerkrachten en een invaller die de klas niet aankon. Misschien opteren ze voor een duobaan. Structuur, vastigheid – ja dat zal de klas goeddoen. Dat zal het zijn.

Zal ik juf een mailtje sturen om te vragen of ik me zorgen moet maken? Dan kan ik me alvast mentaal voorbereiden als we inderdaad te horen krijgen dat ze weggaat. Maar dat kan ik eigenlijk niet maken. Ik heb dan wel een speciaal lijntje met de juf, maar dit soort boodschappen willen ze natuurlijk centraal melden. Dat snap ik dan ook weer wel. Maar ik ben zo blij met deze juf, ze heeft de afgelopen drie jaar zo'n fantastisch goed werk verricht met ons meisje, ik wil haar helemaal niet missen! We hebben het bouwwerk net compleet, met rugzak en plusklas en binnenkort een PGB en logeerweekenden, ik wil niet weer opnieuw beginnen. *Please, please, please*, zeg me dat het niet waar is. Voor ons is het systeem van een leerkracht die de hele schooltijd meegaat een zegen, laat het ons gegund zijn. De zondag kruipt voorbij. Nog één nachtje slapen, dan is de ouderavond.

De volgende dag wordt op het schoolplein druk gespeculeerd waar de ouderavond over zal gaan. Bijna niemand gelooft dat juf weg zal gaan. Dat stelt me alvast een beetje gerust. 'Vergeet niet dat ze al eerder een burn-out heeft gehad', zegt een ouder. Dat is nieuw voor mij. Daar schrik ik van, ik vrees dat ze dit jaar onmogelijk veel van zichzelf heeft gevergd. Ik maan mezelf tot kalmte. Juf is een vijftigplusser, die kan heus wel goed voor zichzelf zorgen.

's Avonds is de opkomst groot, we proppen ons met zijn allen op de kleine stoeltjes in de kring. Kopje koffie, lekkers van de klassenouders erbij, niks aan de hand, bijna een ouderavond als altijd. Ik laat me erdoor in slaap sussen, het zal heus wel meevallen. Maak je toch niet zo snel zo druk, spreek ik mezelf nog toe.

Dan neemt juf het woord. Ik hoor vanaf de eerste toon hoe zorgvuldig ze haar woorden kiest. Ze weet al wat ze gaat zeggen, maar nog niet precies hoe. Haar zoeken doet mij alvast wennen aan de boodschap die komen gaat. Dat ze heel veel van deze klas is gaan houden, dat het geen gemakkelijke klas is met enorme niveauverschillen en bovendien vier rugzakjes en vijf gediagnosticeerde dyslectische kinderen, dat ze het zo graag zo goed wil doen voor de klas, hoe onmogelijk het is om een *off-day* te hebben, hoe ze steeds vaker met migraine voor de klas staat, dat ze niet meer uitgerust raakt, hoe het haar aan het denken heeft gezet over het werken voor de klas en... dat ze tot de conclusie is gekomen... dat ze stopt... helemaal... nooit meer voor de klas.

Haar lipt trilt, haar ogen kunnen ons niet langer aankijken, het verhaal stokt. Dappere ouders knikken haar bemoedigend toe. Het aanwezige bestuurslid neemt het naadloos over. Hij bevestigt het verhaal, onderstreept dat de school de zwaarte van de klas onderkent en daar voor de invulling van de vacature rekening mee zal houden. Dat er ingezet wordt op een fulltimer met een vaste klasseassistent...

De rest glijdt langs me heen. Mijn intuïtie klopte, maar ik wilde zo graag luisteren naar mijn verstand. Nu moet ik het even laten aankomen en mezelf vermannen, zodat ik tegen juf kan zeggen dat ik het snap, dat het haar toekomt, dat ik haar alle moed en wijsheid toewens.

Koffiepauze. Ik ga naar haar toe, naar de vrouw die mijn dochter zo fantastisch begeleid heeft op school. Die haar drie waardevolle jaren heeft gegeven die niet meer afgepakt kunnen worden. Die ik in die eerste zomervakantie voor het plankje boeken over autisme aantrof in de bibliotheek. Ik wil haar zeggen dat het goed is. Ik kijk haar aan, haal diep adem, begin mijn zin om haar te bedanken en dan... Dan flap ik eruit dat ik er zo verschrikkelijk ontzettend van baal. Ook al begrijp ik het als geen ander. Samen barsten we in huilen uit.

STOM

Er staan verrassend veel ouders op het plein. Blijkbaar ben ik niet de enige die mijn kind vandaag even wil opvangen. Meestal komt mijn oudste zelf naar huis, deels noodgedwongen omdat we zuslief ophalen een dorp verderop, maar inmiddels is ze ook zo groot dat het niet meer *cool* is om opgehaald te worden. Maar vandaag vertelt juf dat ze weggaat. Het lijkt me fijn voor haar als ze meteen haar verhaal kwijt kan. Als dat nodig is.

'Wat kom je doen?' donderwolkt ze zodra ze de schooldeur uit komt lopen. Altijd weer fijn zo'n welkom. 'Gewoon, jou even ophalen', zeg ik zo nonchalant mogelijk en ik probeer haar een aai over haar hoofd te geven. 'O.' Ze loopt weg om haar fiets te halen. Om me heen zie ik klasgenoten opgewonden praten, huilen of stilletjes naast hun ouders staan. Iedereen reageert op zijn eigen manier. Ik ben benieuwd wat ze van het nieuws vindt, maar ik krijg er nog geen hoogte van. We fietsen samen naar huis. 'Wat gaan we doen?' vraagt ze en ze laat op geen enkele manier blijken dat er op school iets gebeurd is. Eerst maar eens samen theedrinken. Nog niks.

'Juf had jullie vandaag iets te vertellen, hè?' probeer ik haar op gang te helpen. Een groot vraagteken op haar hoofd. 'Hoe vind je het dat ze weggaat?' Verontwaardigd vliegt ze overeind: 'Hoe weet jij dat? Wist je dat dan al?' Dat verdraagt ze nauwelijks, dat kon ik op mijn vingers natellen. 'Gisteravond heeft juf het ons verteld op de ouderavond, maar ze wilde het graag zelf aan jullie vertellen en daarom hebben we beloofd niks te zeggen.' Ze zakt weer neer op haar stoel, als het een opdracht van juf was, verandert dat de zaak. 'Ja, dat heeft ze verteld. Ze stopt met voor de klas staan. Helemaal.' Haar stem klinkt zakelijk, met een luchtige ondertoon, het is een stem die ik wel vaker hoor en moeilijk duiden kan. Alsof ze een ingestudeerde tekst voordraagt. 'En hoe was dat voor jou, toen ze dat vertelde?' 'Nou gewoon, ik weet het niet. Wat bedoel je?' Ik wil niks dramatiseren, maar hoe voer je *dan* zo'n gesprek, vraag ik me wanhopig af. Ik probeer het nog een keer. 'Hoe voelde dat toen je juf vertelde dat ze volgend jaar jullie juf niet meer is?' Ze veert op. 'Dat was zo gek, mama, ik moest helemaal huilen. Of, nou eigenlijk, het voelde vanbinnen alsof ik huilde, maar je zag het niet aan de buitenkant. En juf moest ook huilen, waarom eigenlijk?' Haar verbazing is oprecht, dus ik leg uit dat juf veel van haar klas is gaan houden en dan is het best lastig om afscheid te nemen. 'O, ik vind het helemaal niet erg, hoor. Ik hoop alleen wel dat we een meester krijgen. Juffen zijn zo stom.' In verwarring laat ze mij achter, nu is het mijn beurt om verbaasd te zijn.

SYSTEEM

Tring, telefoon. 'Hallo, met Bureau Jeugdzorg, u heeft een aanvraag voor een PGB ingediend voor uw dochter, klopt dat?' Eh, oeps, krijgen we nu weer zo'n TOG-overval? Het is inmiddels dik acht weken geleden dat die papieren de deur uit zijn gegaan. Wat stond er ook alweer in? Ze zouden bij vragen toch contact opnemen met het Steunpunt? Althans, dat hebben we als voorkeur aangegeven. Nou ja, maar gewoon netjes antwoord geven eerst. 'Jazeker, dat klopt.' 'Nu is het zo dat we bij Bureau Jeugdzorg zijn overgeschakeld op een ander formulier. Ik zou u willen vragen om dat nog even in te vullen. Zou u dat willen doen?' Ja hallo, naast dat A4'tje dat mijn engel heeft geproduceerd hebben we zeker een pagina of twaalf aan invuloefeningen volgekrabbeld. Wat kan daar nu nog voor informatie aan ontbreken? 'Goh, wat onhandig voor u om zo plotsklaps van formulier te veranderen, ik begrijp dat het lastig is,' – altijd begrip tonen – 'maar kunt u mij zeggen of er op dat nieuwe formulier veel dingen gevraagd worden die nog niet op het andere oude formulier staan?' 'Nou, het is natuurlijk allemaal wel verwant, maar vaak toch net even anders geformuleerd en we willen daar toch wel graag uw antwoorden op, want anders past het niet in het systeem. Maar het is niet veel werk, hoor.' Hm, dan pas ik niet in het systeem, daar was ik al bang voor. 'Stuurt u het maar op, dan kijk ik wat ik voor u kan doen.'

Een dag later ploft een volledig nieuw aanvraagformulier in de bus, acht pagina's lang. Of ik mezelf maar weer even door de molen wil halen, met alle daarbij horende pijn en verdriet die ik net een beetje achter me had gelaten. Ik dacht het niet. Hopla, in de envelop en doorgestuurd naar het Steunpunt met een briefje erbij: 'Sarah, wat moet ik hier nou weer mee?'

GEMOPPER

Zondagochtend, we zitten lekker laat aan het ontbijt en ik wil net aanstalten maken om de rest van de dag door te nemen als mijn oudste zegt: 'Hé, mam, zullen we vandaag lekker thuisblijven? Gewoon helemaal nergens naartoe?' Die tekst komt me bekend voor, volgens mij begonnen we gisteren ook zo en toen maakten we er een lekker rommeldagje van. Maar voor vandaag hebben we afgesproken om op stap te gaan. 'Daar heb ik geen zin in. Ik ga niet mee.' Als een vroegrijpe puber slaat ze de armen over elkaar en ze trekt haar voeten op de stoel. Gezicht op onweer. Zo. Op slot. Zie daar maar weer bij te komen. Grrr, diepe zucht, ik heb hier geen zin in. Maar ik wil wel weg.

Ik grabbel wat moed uit mijn reserves, zet mijn onverstoorbare masker op en houd vast aan de afspraak. Gisteren een poezendag, vandaag gaan we op stap. 'Het is niet eerlijk. We doen altijd wat jij wilt. Ik krijg nooit eens mijn zin.' Nou wordt het helemaal mooi. Ik kijk mijn man aan. We zijn het duidelijk met elkaar eens, maar daarmee zijn we er niet. 'Mij lijkt het wel leuk om op stap te gaan', gooit de jongste de knuppel in het hoenderhok. 'Ja, jij! Jij bent het altijd eens met papa en mama. En ik ben altijd alleen. Zo is het altijd drie tegen één en dan doen we weer wat jullie willen. Dat is gewoon niet eerlijk en dus doe ik het niet.'

Het is voor haar ook niet gemakkelijk. Ik snap best dat ze het gevoel heeft dat wij altijd de uitstapjes bepalen. Maar als het aan haar ligt, gaan we nooit weg, en dat is me te gek. Zij ziet bovendien niet hoezeer we ons leven aan haar aanpassen. Dat kan ik haar ook moeilijk onder de neus wrijven, want dat ze daar geen weet van heeft, past in het beeld van een kind met autisme. Dus ik doe mijn best, ik doe *altijd* mijn stinkende best voor haar en ik baal ervan dat ik alles wat *ik* wil zo moet bevechten. Woest val ik uit, ik weet het, helemaal verkeerd. 'Dan is het maar een keer niet eerlijk. Ik wil ook wel eens iets doen wat *ik* leuk vind en dan graag zonder dat eeuwige gemopper. Klaar nu! We gaan en jij gaat mee.' Met de woede komen de tranen, ik kan ze niet meer tegenhouden. 'Mama, wat is er aan de hand? Je huilt!' roept ze vol verbazing. Ze begrijpt er niks van.

HOUTJE-TOUWTJE

'Wat zullen we morgen gaan doen?' vraag ik de jongste voor het slapen-gaan. Morgen hebben we een dagje met zijn tweetjes en de wereld ligt aan onze voeten. 'Zullen we naar een museum, bij iemand op bezoek of misschien naar de dierentuin?' Het kan allemaal. Wat is er opeens veel te kiezen als er geen beperkingen zijn, ik ben er zelf even confuus van. 'Shoppen!' roept mijn kleine meid enthousiast en ik ga al bijna overstag bij het zien van dat blije snoetje. De calvinist in mij protesteert echter: laten we – nu we de kans hebben – een leuk *en* leerzaam uitje doen. 'Weet je wat, we bedenken het gewoon morgen pas. Dan kijken we waar we zin in hebben.' Heerlijk om de grenzen van de vrijheid op te zoeken.

's Ochtends lees ik in de krant dat er dichtbij een 'IJskoud winter-weekend' wordt georganiseerd. Er is een kunstmarkt, een arrenslee, een ijsbaan met koek-en-zopie, er komen een paar koren optreden en er is een parcours uitgezet waar je kunt beleven hoe het is om blind te zijn. Dat is van alles wat en we kunnen er bovendien een mooi fietstochtje aan vastknopen. Zo gezegd, zo gedaan. Als we uitgelummeld zijn, stap-pen we op de fiets en is het feest. Ik weet ongeveer waar het is en het geeft helemaal niks dat ik het niet *precies* weet, we komen er toch wel. De kunstmarkt blijkt een karige bedoening met tweedehandsboeken, zelfgepunnikte iPODhoesjes, broddelig glas-in-loodwerk voor eerste-klas prijzen en de eeuwige edelstenen- en lappenpoppenkraam die in onze omgeving op elk evenement te vinden is. Maar mijn meisje verbijt haar teleurstelling dat er geen schilderijen zijn en zegt: 'Lekker warm hier binnen.' De ijsbaan is van plastic (ik wist niet dat dat bestond?), maar de chocolademelk goed heet. En wist je dat je wafel extra lekker smaakt nadat je er vijfentwintig minuten op hebt moeten wachten? We scharrelen wat rond, kijken met ontzag en ontroering hoe toegewijd de blinde bewoners verzorgd en vermaakt worden en er valt geen onverto-gen woord.

De tijd vliegt voorbij. We zijn al twee uur op het houtje-touwtje-evene-
ment als ik voorstel op te stappen. 'Nee nog niet, ik heb nog niet alles
gedaan. Waar is die tent voor de blinden en ik wil ook nog op de arrenslee!' Ze geniet met volle teugen, en ik met haar. Zo eenvoudig ligt het
geluk voor het oprapen. Ik veeg mijn tranen weg. Het is die kou, hè, die
bijt in je gezicht...

ZIEK

Terwijl de kinderen aan de ouders de dans laten zien die ze tijdens de workshop die ochtend hebben aangeleerd, valt het me op dat mijn oudste zo mat is. Zo is ze nooit als ze danst. Normaal is ze altijd één brok energie, de power spat eraf als ze op het podium staat. Maar nu dus niet. Na afloop komt ze meteen naar me toe. 'Ik heb zo'n hoofdpijn', zegt ze klagend. 's Morgens had ze dat ook al gezegd, maar omdat elke afwijking van het normale door haar als drama wordt gebracht, neem ik dat soort klachten in eerste instantie met een korreltje zout. Ik kan me niet heugen wanneer ze echt ziek is geweest, zo ijzersterk is ze. 'Voel je je niet lekker? Zullen we naar huis gaan?' Geen optie natuurlijk als de planning is dat ze twee dansworkshops achter elkaar doet. Dus nee, dat hoeft niet, ze is alweer op weg naar de andere zaal. 'Bij de hiphop en breakdance hoef ik denk ik niet zo te springen, dat gaat wel goed. Ga maar, ik ga niet mee.' En weg is ze.

Als ik haar anderhalf uur later ophaal, staat ze daar weer zo tammetjes mee te doen. Voor haar doen dan toch. Dat hele lijfje lijkt op tachtig procent te draaien, terwijl ik haar niet anders ken dan op honderdtwintig procent. Na afloop komt er geen boe of bah uit, maar dat is dan weer wel normaal. 'Wanneer gaan we naar het feestje?' Haar neefje en nichtje vieren hun verjaardagen. 'Ik twijfel nog meissie, eerst eens even kijken hoe het met jou gaat.' 'Er is niks met mij!' roept ze meteen boos. 'Ik heb alleen hoofdpijn en ik ben moe, dat gaat zo wel over.' Dat laatste deel is mijn tekst, die hoor ik haar nooit zeggen. Ik vrees dat ze echt ziek is. Maar ja, een feestje met snoep dat eigenlijk op het programma staat, daar moet ik niet aan gaan tornen. Ik maak me uit de voeten om een was in de machine te gooien, uitstel van executie...

Als ik terugkom, ligt ze onder een dekentje op de bank. Erg ongebruikelijk. Ik mag haar niet aanraken om te voelen of ze warm is, maar ik kan natuurlijk wel haar temperatuur opnemen. Dat doen we ook als we het oneens zijn over ziek of schoolziek. De thermometer heeft immers altijd gelijk. En wat dacht je, het meisje heeft 38.6, diezelfde avond oplopend naar 39.6, ziek dus. Tot haar eigen stomme verbazing. 'Ik ben toch nooit ziek, mama, waarom ben ik dat nu wel, dan?' Ik onderdruk mijn glimlach. Meestal moet ik stug volhouden dat ze echt niet ziek is, grappig dat ik haar moet uitleggen – met haar bijna 40 graden koorts – dat ze nu toch echt wel ziek is.

'Moet ik dan naar de dokter?' Zacht jammerend snikt ze: 'Dat wil ik niet, hoor, ik ga niet naar de dokter!' 'Dat hoeft ook niet, je hebt een heel knap en sterk lijf, dat maakt jou vanzelf weer beter. Maar dat duurt een paar dagen.'

'Maar ik voel me zo raar, dat vind ik eng, ik wil dat niet.' 'Je lijf voelt helemaal anders als je griep hebt. Dat is heel gewoon, maar omdat je dat niet gewend bent is dat voor jou heel gek. Dat vind je een beetje spannend, hè?' 'Ja! Dat is echt heel gek, hoor. Mijn keel voelt raar en daarnet smaakte het drinken heel gek en mijn hoofd doet zoveel pijn. Is dat nou ziek zijn? Dat heb ik nog nooit meegemaakt...'

Ze zakt achterover in de kussens op de bank. In haar woorden klinkt oprechte verwondering. Wat haar nou toch allemaal overkomt. Dit gaat ze eens even goed observeren. Eindelijk ontspant het gespannen lijfje. Volmaakt tevreden zinkt ze weg in een diepe slaap.

TERUG BIJ AF

'Au!' de jongste probeert weg te duiken. 'Niet doe-oen', gilt ze met haar krijsende sopraangeluid dat me extra door merg en been gaat omdat ze het zo te verduren heeft. Daar gaan we weer, déjà vu met toen de oudste twee, drie, vier jaar was. Het liefst zou ik woest ingrijpen en haar lelijk in de arm knijpen, haar de gang opsturen en de jongste overstelpen met troostende zoenen. Maar dat zet geen zoden aan de dijk. Dus ga ik zo rustig als ik kan voor haar staan. Ik leg geen handen op haar schouders, want dat zou olie op het vuur zijn. Haar donkerbruine ogen spuwen vuur, maar ik weet inmiddels dat haar blikken me niet kunnen doden.

'Ruziemaken doe je met woorden. Niet schoppen, niet slaan, niet krabben, niet bijten, niet spugen. Je mag wel op de grond stampen en zeggen dat je het niet leuk vindt. Je mag ook weglopen om rustig te worden en dan terugkomen om te vertellen wat je wilt zeggen. Maar ruziemaken doe je met' '...*woorden!*' zegt ze met een vies gezicht en jengelende stem, want dat weet ze nu wel. Ernaar handelen is vers twee. Eindeloos heb ik de riedel herhaald en ik dacht toch echt dat we verder gekomen waren dan waar we nu zijn. Maar op school heerst grote onrust sinds juf weg is, dus thuis zijn we ook terug bij af.

Het is niet dat ik vastzit in 'hadden we nog maar dezelfde juf'. Al ben ik met terugwerkende kracht extra blij dat zij zich drie jaar lang met zoveel toewijding en begrip heeft ingezet voor onze oudste. Ik doe oprecht mijn best een nieuwe relatie op te bouwen, open te staan voor suggesties en te kijken naar hoe 'anders' niet per se 'minder' hoeft te zijn. Maar als de duobaan waarmee dit schooljaar begon vanaf dag één niet blijkt te werken en de ene helft alweer aftaait in november, schiet het natuurlijk niet erg op. Invalperiode met de ene leerkracht, overgangsperiode met de andere en nu, hèhè, halverwege het schooljaar een oplossing voor de tweede helft van het jaar. Tot de zomer. Daarna zien we weer verder. Een half jaar verloren, en wat valt er in vredesnaam op te bouwen als het de vraag is of het straks voortgezet wordt?

Maar ja, volgens de huidige leerkrachten is er sowieso niks aan de hand met onze oudste. 'Ik zie niks', zeggen ze. Dus ik denk dat wij – de intern begeleider, de ex-juf, de ambulante begeleider, de ouders en de kinderpsychiater – ons de afgelopen jaren voor niks druk hebben gemaakt.

Stom, hè?

HARTSVRIENDIN

'Maar mam, ik wil ook zo graag een echte hartsvriendin.' Het verdriet komt uit haar tenen. Ik lig naast haar op bed en krijg de brok in mijn keel niet weggeslikt. Ik luister naar haar hartstochtelijke gesnik, zoek naar woorden die er niet zijn. Voorzichtig leg ik een arm om haar heen in de hoop dat die mag blijven liggen. Dat mag. Ze kruipt tegen me aan. Ik houd haar vast en hoop dat mijn warmte haar kan troosten.

Negen is ze nu en de kinderen pikken het niet meer als ze in de ene pauze met een sneer worden weggestuurd en in de volgende pauze worden geacht mee te doen aan een spel met regels die mijn meisje heeft bedacht. Bij kleuters kom je daar misschien mee weg, maar die tijd is nu echt voorbij. Het liefst speelt ze met de jongens, dat is duidelijker dan dat subtiele meisjesgedoe. Maar bij de jongens hoort ze er niet echt bij, want hé, ze is natuurlijk wel een meisje. Dat ze de ene keer wel en de volgende keer weer niet mee mag doen bij de meiden irriteert haar mateloos. Ze begrijpt er niets van en de onvoorspelbaarheid maakt haar onzeker. En dus boos. En met boos kom je niet erg ver in vriendschap. Al helemaal niet bij meisjes.

Ze schrijft de meisjes af. 'Daar heb je toch niks aan.' Maar het werkt niet. De jongens worden boezemvrienden, de meisjes maken hartsvriendinnen en vormen wisselende clubjes. Over haar schouder kijk ik mee. Wat is dat een ondoorzichtige sociale jungle als je er heg noch steg weet! Nieuwe fase. We hebben weer een hoop te doen...

REFLECTIE

Toen ik te horen kreeg dat onze oudste autistiform gedrag vertoonde, zoals de kinderpsychiater het voorzichtig probeerde te brengen, ging ik op zoek naar informatie. Ik las boeken over autisme, over de handvatten die autisten nodig hebben om te kunnen functioneren en over bijkomende problemen die kunnen opduiken. Ik vond boeken die broertjes en zusjes en autisten zelf voorlichten en boeken geschreven *door* autisten in alle soorten en maten die van binnenuit beschrijven hoe moeilijk het is het gewone leven te begrijpen. En toen ik alles had gelezen wat voorhanden was, kende ik weliswaar de terminologie en wist ik wat mijn dochter nodig had, maar kon ik me in de verste verte niet voorstellen wat dat van mij, als moeder, zou vergen. Wat doet het met je als ouder en hoe leer je daarmee om te gaan? Wat betekent het in het dagelijkse gezinsleven voor mij, mijn lief, mijn jongste?

Om te gaan snappen waarom ik het zo'n geworstel vond en omdat ik twijfelde of ik wel geschikt was voor het ouderschap, zocht ik een boek over autisme geschreven vanuit het ouderperspectief. Want de richtlijnen in de boeken over Autisme Spectrum Stoornissen zijn weliswaar helder, maar lijken vooral gericht op professionals. Mijn dochter leeft echter thuis, niet in een groep of een instelling. Ze gaat ook niet naar het speciaal onderwijs. Bovendien ben ik geen hulpverlener, maar een moeder. Dat is toch echt een heel andere uitgangspositie, al was het maar omdat mijn dienst nooit afloopt. Tot mijn grote verbazing vond ik nergens zo'n boek. Voor het eerst begon het me op te vallen hoe kindgericht de meeste opvoedkundige boeken geschreven zijn.

Waar kun je als ouder heen met je woede en vertwijfeling als blijkt dat je best doen niet genoeg is? Wat doe je als je weet dat structuur voor jouw kind de oplossing is, maar je er zelf helemaal kriegel van wordt? Het taboe op de moeilijkheden die ouders ervaren rond opvoeden is nog altijd groot. In de hulpverlening is er wel aandacht voor ouderondersteuning, maar die hulp is probleemgericht en wordt pas gegeven als het al is misgegaan. De hulpverlening gaat uit van het falen van de ouders en ik voel me daar niet bij thuis. We gaan er blijkbaar van uit dat iedereen zijn kinderen als vanzelf fatsoenlijk groot kan brengen. Dat je net zo goed met baby's als met pubers overweg kunt, om het even welke kinderen er op je pad komen en wat je eigen achtergrond ook is. We vragen ons af hoe het in vredesnaam mogelijk is dat ouders hun kinderen mishandelen, maar we vragen ons niet af hoe het mogelijk is – wat ervoor nodig is – dat het merendeel hun kroost heel behoorlijk groot krijgt. Hoe krijg je zicht op je blinde vlekken en welke competenties en vaardigheden heb je eigenlijk nodig bij het opvoeden?

Misschien moest ik daar dan maar zelf wat over gaan schrijven? Dan zou ik meteen kunnen proberen om voor buitenstaanders een licht te werpen op het onzichtbare, op de voorwaarden die je als ouders schept waardoor het mogelijk wordt dat een kind zoals onze oudste functioneert zoals ze doet. Want het blijkt zo verschrikkelijk moeilijk om dat uit te leggen aan familie, vrienden en school zonder het gevoel te krijgen dat je een overbezorgde zwartkijker bent. Zo ben ik in juli 2006 gaan bloggen. De stukjes schreven zich vanzelf. De productie droogt ook maar niet op. Sterker, ik loop hopeloos achter met wat ik allemaal nog te vertellen heb. Het bloggen maakte het mogelijk om beetje bij beetje een groter geheel neer te zetten. Als onverwacht bijeffect kreeg ik van meet af aan ontroerende reacties van zoekende ouders, betrokken omstanders, maar ook van bezoekers die zich met terugwerkende kracht schamen voor hun vooringenomen reacties op een 'lastig' kind. Leerkrachten, doktersassistenten en andere professionals laten weten hoe waardevol ze het vinden om 'de andere kant' te horen. Dat deed me deugd, want elk beetje meer compassie voor al die medeploeterende ouders is meegenomen.

Toen ik een paar maanden later las over een opleiding tot ouderschapscoach, heb ik me onmiddellijk ingeschreven. Het leek of alle puzzelstukjes plotseling samenkwamen: mijn blog, mijn voorliefde voor het begeleiden van processen, mijn kind – het schoof zomaar in elkaar. Ik stelde me voor dat ik als coach een bijdrage kon leveren om te investeren in de kwaliteit van het ouderschap, voor iedereen. In het gezin is iedereen *zo* op elkaar aangewezen, er is geen ontsnappen aan. Een vriendschap kun je verbreken, een botte winkelier mijden, maar je kinderen zet je niet buiten de deur wanneer het je zwaarder valt dan verwacht. Dat maakt je enorm kwetsbaar als ouder. Nu heft *coaching* de broosheid van het ouderschap niet op, maar het is al heel mooi als ik ouders kan overtuigen van het nut van reflectie. In goede en in slechte dagen.

Ik heb lang gewikt en gewogen of ik de stap van blog naar boek wilde maken; de anonimiteit die het internet biedt is erg aangenaam. Toch vroeg ik me steeds vaker af of het geen tijd was om 'uit de kast te komen'. Die geheimhouding van IJskastmoeder werkt net zo goed mee aan de onzichtbaarheid van de moeilijkheden (en mogelijkheden) waar ik als ouder van een kind met autisme dagelijks tegenop loop. Inmiddels heb ik mijn opleiding tot ouderschapscoach afgerond en mijn praktijk MetaMama geopend. De puzzel schuift wederom in elkaar. Als coach voor 'gewone' ouders zet ik mijn opgedane expertise natuurlijk ook graag in voor gezinnen die met autisme te maken hebben. IJskastmoeder Het Boek (en daarna IJskastmoeder De Musical natuurlijk) is daarmee een logische stap geworden.

Beetje bij beetje ben ik de afgelopen jaren mijn oudste gaan lezen, gaan snappen wat haar beweegt. Mijn meisje vraagt van mij dat ik steeds ontdek wat de vraag achter haar vraag is en brengt me daarmee dichter bij mijn intuïtie dan ik ooit had kunnen vermoeden. Mijn grootste opgave is leren om te gaan met de onmacht, maar of dat ooit zal lukken, waag ik te betwijfelen.

TOT SLOT

'Waar is slaappop? Waarom heb je slaappop niet meegenomen?! Je weet toch hoe belangrijk die voor mij is?!' Een uur geleden was onze laatste stop en de oudste is er zojuist achtergekomen dat slaappop niet in de auto is. Ze is woest. 'Slaappop is nog belangrijker dan mijn groene T-shirt, belangrijker dan al mijn kleren en hoe ik eruitzie. Slaappop is het allerbelangrijkste voor mij op de hele wereld. Belangrijker dan mijn papa en mama. Dat weet je toch, waarom let je dan niet beter op als je de spullen inpakt?!' Ontredderd schreit ze bittere tranen, dit is geen theater, dit is authentiek intens verdriet. Ik kijk met een schuin oog naar mijn man, die de picknicktafel heeft afgeruimd toen wij nog even gingen plassen. Ik wil hem geen verwijten maken, hij kan er niks aan doen, dus slik ik mijn 'had dan nog even alles goed nagekeken' dapper in. Ze *weet* dat ze zelf verantwoordelijk is voor slaappop als ze zich niet houdt aan de regel 'slaappop niet mee naar buiten', houd ik mezelf voor. Al komt dat nu hardvochtig over, dus ook dat slik ik in. Minstens duizend keer is hij al zoek geweest en op miraculeuze wijze altijd weer boven water gekomen. Maar nu ligt hij ergens op een picknickbankje van een Franse parkeerplaats. Nu is hij weg, echt weg. Wat zei ze nou? 'Belangrijker dan papa en mama', we staan er weer mooi gekleurd op. Ik denk dat ze het nog meent ook.

Kilometerslang is ze ontroostbaar. 'Nu zie ik slaappop nooit meer', herhaalt ze telkens weer. We halen herinneringen op aan de keren dat slaappop verdwenen was. Die keer dat hij dagenlang in de diepvries zat omdat ze hem koud had willen maken maar dat vergeten was, de keren dat we 's avonds terug moesten na een logeerpartij omdat slaappop was blijven liggen en weet je nog toen we dachten dat hij echt kwijt was en we twee weken lang aan je bed zaten om je te helpen inslapen? Toen het eindelijk lukte, dook slaappop weer op. De jongste vraagt om een schaar zodat ze een stuk van haar dierbare schapenvachtje af kan knippen bij wijze van alternatieve knuffel voor haar grote zus. De schat. De schaar ligt in de kofferbak, bij de volgende stop zullen we hem pakken. 'Kun je dan ook nog even kijken of slaappop misschien in de koelbox zit?' houdt mijn meisjelief de hoop levend. 'Tuurlijk, dat doen we', maar ik zie mijn lief zijn hoofd schudden. Hij weet eigenlijk wel zeker dat de pop daar niet in zit. Bijna tien jaar slaappop, een tijdperk dat afgesloten wordt. Onvrijwillig weliswaar, maar het heeft ook wel wat. Ik durf het wel aan nu.

Als we tanken, kijk ik in de koelbox. Even hoop ik met haar mee. Maar nee. Geen slaappop. Intuïtief voel ik de jaszakken van mijn man na. Mijn adem stokt in mijn keel, nee, het is niet waar! Opnieuw een wonder! Zonder dat hij het in de gaten heeft gehad, heeft hij slaappop in zijn zak gestoken. Slaappop heeft het *alweer* overleefd. En wij ook een beetje. Met een 'Zie je wel dat je weet dat slaappop belangrijk voor me is!' krijgt vader een dikke vette knuffel van dochterlief.

Misschien zijn we toch wel een goede papa en mama voor haar.

BOEKEN & SITES

Uit de enorme berg boeken en websites die ik heb doorgeworsteld, zijn er een paar die me dierbaar zijn geworden. Geen uitputtende leeslijst dus, maar een zeer subjectieve selectie. Zie ook de boekenlijst op www.ijskastmoeder.nl die regelmatig bijgewerkt wordt.

Fijn, handig!

* **Mijn kind heeft autisme**
  Peter Vermeulen & Steven Degrieck
  Een heel fijn en overzichtelijk boek dat goed informeert zonder te theoretisch te worden en praktische handvatten biedt voor ouders die nog maar net – of al wat langer – bekend zijn met de autismediagnose van hun kind.

* **Oudergids Autisme. Een praktische handleiding sociale vaardigheden**
  Carolien van der Velde
  Typisch zo'n boek om in de kast te hebben staan en het te gebruiken wanneer het nodig is. In de inleiding schrijft Carolien van der Velde dat '(…) onze kinderen niet moeilijk zijn maar het vaak wel moeilijk hebben (…)'. Het klinkt, als je er niet dagelijks mee te maken hebt, misschien als een open deur, maar met die opmerking heb ik haar meteen in mijn hart gesloten.

* **Geef me de 5**
  Colette de Bruin
  Het idee om kinderen met autisme concrete opdrachten te geven is consequent uitgewerkt in de Wie-Wat-Hoe-Waar-Wanneer-methode. Hier en daar wat al te rigide misschien, als er geen verstandelijke handicap in het spel is, maar het biedt een goede ingang voor heldere communicatie.

- **Spelend opvoeden. Hoe je de beste en leukste ouder wordt**
  Lawrence J. Cohen
  De Amerikaanse 'how to'-benadering moet je even voor lief nemen, maar wat was ik blij met de tip om via stoeien contact te maken. Het was een belangrijk keerpunt in de omgang met onze oudste. Alleen daarom al van harte aanbevolen. Helaas is het boek niet meer leverbaar, maar het is nog te vinden in meerdere bibliotheken.

- **Het syndroom van Asperger**
  Tony Attwood
  De klassieker die verdiend in elk lijstje staat.

- **Altijd weer wat! Belevenissen van een brusje**
  Florine Puts
  Levensechte situaties beschreven door de ogen van een zusje. Met toelichting en instructie voor zowel brusjes (dat zijn broertjes en zusjes van) als ouders.

- **Boeddhisme voor moeders. Praktische gids voor een ontspannen moederschap**
  Sarah Napthali
  De tips in dit boek over hoe je kunt omgaan met woede, frustratie en bezorgdheid in het ouderschap hebben me op het juiste spoor gezet. Nee, ik ben er geen boeddhist van geworden, maar ik heb er meer vrede mee dat ik doe wat tot mijn mogelijkheden behoort en dat het 'goed genoeg' is.

Verwant

- **De Dinoman en het muziekmeisje. Leven met autistische kinderen**
  Ginette Wieken
  Voelt verwant, zo'n medeploeterende moeder met humor. Het boek is verkrijgbaar via de website van de schrijfster.

- **Loslaten uit liefde**
  Ingrid Ketelaar-Blokpoel & Rianne van Leeuwen
  Veel herkenning in het geworstel van deze moeder(s) die elkaar leren kennen in de wachtkamer bij de kinderpsychiater. Uiteindelijk worden de kinderen uit huis geplaatst en dat maakte het voor mij weer moeilijker herkenbaar. Des te meer reden gaf het me om door te gaan met IJskastmoeder. Te koop via www.jelmereninge.nl

- **Kinderen van de Kannerschool**
  Julia van Bohemen
  Omdat ze zo prachtig tegen beter weten in blijft hopen, om de dappere brief die ze schrijft aan alle buren als ze verhuisd zijn en om de confronterende zin van de kinderarts die haar vriendelijk zegt: 'Stel je nu eens niet langer op als deskundige, maar als moeder.' Helaas niet meer te koop, maar mogelijk wel te leen in de bieb.

Interessant

- **Brein bedriegt. Als autisme niet op autisme lijkt**
  Peter Vermeulen
  Soms word ik het wel eens moe, die ongelovige reacties van dichtbij en verder weg van mensen die een stereotypisch beeld van autisme hebben. Lees dit boek!

- **Autisme en tijdsbesef**
  Steven Degrieck
  In de speelhoek van de kinderen hebben we een stroomschema hangen waar we onze oudste naar verwijzen als ze haar draai weer eens niet kan vinden in haar vrije tijd. Binnen/buiten, alleen/samen en dan een reeks bijbehorende activiteiten. Soms helpt het, soms ook niet. Ze staat daarin niet alleen, zo blijkt.

- **Kind als geen ander. Moeders van gehandicapte kinderen tussen wie en wat**
  Jet Isarin
  Onderzoek naar de positie van ouders is zeldzaam, al helemaal in relatie tot gehandicapte kinderen. Daarom ben ik zo blij dat dit proefschrift tot publieks-uitgave bewerkt is. Negeer de cryptische titel en weet dat het gaat het om moeders die zoeken naar hoe ze zich verhouden tot 'wat hun gehandicapte kind heeft' en 'wie het kind is'.

- **Een gesloten boek. Autisme en emoties**
  Peter Vermeulen
  Lange tijd werd autisme op één lijn gezet met gevoelsarm. Peter Vermeulen breekt een lans voor het leren lezen van de gevoelswereld van mensen met autisme. Hoe reageer je bijvoorbeeld zelf als je wordt overspoeld door prikkels die je niet meteen kunt plaatsen? Hij geeft aan hoe kinderen met autisme (en een normale intelligentie) getraind kunnen worden om meer zicht te krijgen op eigen emoties en die van anderen.

- **Meisjes en vrouwen met Asperger**
  Tony Attwood, Temple Grandin e.a.
  Bij autisme gaat het meestal over het mannelijk deel van de bevolking. De meisjes worden vaak niet gediagnosticeerd, vermoed men, omdat het zich bij hen zo anders uit. Een moedige poging om deze onderbelichte groep naar voren te halen.

- **Met plezier uit de pas. Spelen met kinderen met sensorische integratiestoornis**
  Carol Stock Kranowitz
  Onbewust blijken veel spelletjes die wij thuis graag doen te passen in therapeutische kaders. Proevertje bijvoorbeeld is zo'n hit: geblinddoekt raden wat je eet. Of opgerold in een deken door het huis gesleept worden en raden waar je terecht bent gekomen. Dat is pas ultiem het nuttige met het aangename verenigen, heerlijk!

- **We moeten het even over Kevin hebben**
  Lionel Shriver
  Een roman die me nog lang bezig heeft gehouden; pas lezen als je sterk in je schoenen staat. Het boek gaat voor mij over de vraag in hoeverre je als ouder invloed hebt op de karaktervorming van je kind. En (hoe) kun je blijven houden van je kind als het dingen doet waar je niet achter kunt staan?

Online

- **www.sclera.be**
  Heel veel (gratis!) pictogrammen.

- **Autsider – www.autsider.net**
  Levendige plek, vooral ook voor jongeren met autisme, waar veel informatie te halen is. Het forum biedt, na registratie, gelegenheid om vragen te stellen en het archief te doorzoeken. Hier vond ik destijds ook het artikel over ijskastmoeders dat bij mij het kwartje deed vallen, maar er helaas nu niet meer te raadplegen is. Ik heb het artikel daarom op mijn site www.ijskastmoeder.nl gezet.

- **A-typist – www.a-typist.nl**

  Een blog door, voor en over volwassenen met autisme, geïnitieerd en beheerd door Anne van de Beek met daarbij in het bijzonder aandacht voor autisme bij vrouwen/meisjes. Leuk om te vertellen: onder de nickname 'aspergermeisje' reageerde Anne destijds op mijn eerste blogs om te vertellen hoeveel ze herkende in mijn stukjes. Dat gaf mij weer de moed om door te gaan en niet bang te zijn dat mijn dochter er later boos om zou worden (hoe mijn dochter reageert als ze IJskastmoeder leest, lees je in Uitlegmoeder!).

- **Besloten facebookgroepen voor ouders – www.metamama.nl/ facebookgroepen**

  Bij het organiseren van een landelijke Verwendag voor ouders van een kind met autisme bedachten we dat leuk was om er een facebookgroep aan te koppelen. Zodat iedereen nog met elkaar kon nakletsen en foto's delen. Al snel bleek het ook een fijne plek om onderling kennis en ervaring uit te wisselen, je hart te luchten en waar iedereen aan een half woord genoeg had. Inmiddels zijn er ook groepen voor ouders van meisjes/pubers/volwassenen/mcdd en een groep voor ouders die op zoek zijn naar (online) speelkameraadjes voor hun kind.

- *En natuurlijk niet te vergeten mijn eigen blog; www.ijskastmoeder.nl met alle trouwe lezers en meelevers zonder wie dit boek niet was ontstaan. Wees van harte welkom om de avonturen van IJskastmoeder en haar dochter daar te volgen en je eigen ervaringen te delen!*

AUTISME IN VOGELVLUCHT

Als ik vertel dat mijn dochter autisme heeft, komt vrijwel altijd de vraag waaraan je dat merkt, en of ik kan uitleggen wat autisme nou eigenlijk precies is. Negen van de tien keer sta ik dan met mijn mond vol tanden. Er zijn zoveel boeken geschreven over autisme, hoe vang ik dat complexe beeld in een paar woorden zonder mijn dochter tekort te doen? Het ziet er bovendien bij duizend kinderen duizend keer anders uit. Omdat autisme zich op zoveel verschillende manieren uit, is het soms lastig te herkennen. Met een goede intelligentie kun je bovendien veel compenseren en camoufleren, zodat het aan de buitenkant minder zichtbaar is. Dat maakt het autistisch denken echter niet minder. Grofweg zijn er wel centrale thema's te ontwarren. Ik waag een poging en leun daarbij sterk op het voorlichtingswerk van Autisme Centraal en Vanuit Autisme Bekeken.

Handicap

Autisme grijpt fundamenteel in op het leven van een persoon, hoe subtiel de stoornis ook aanwezig is. Daarom wordt autisme omschreven als een handicap. Maar let op, een handicap is altijd een sociaal gegeven: het heeft te maken met wat de maatschappij verwacht van het functioneren van een mens in de samenleving. Mensen met autisme denken anders, daarom begrijpen zij de wereld om zich heen anders, en daardoor reageren zij anders. Dit maakt autisme tot een handicap in onze samenleving. De samenleving waardeert vaardigheden zoals flexibiliteit, invoelingsvermogen en sociale kennis, terwijl die bij iemand met autisme nou juist vaak minder goed ontwikkeld zijn. Voor mensen met autisme zit onze maatschappij daarom vol hindernissen. Door autisme te benoemen als handicap, wordt de samenleving erop gewezen dat mensen met autisme recht hebben op extra ondersteuning en aanpassingen, zodat ook zij redelijke kansen krijgen.

Autistisch spectrum

Met autisme bedoel ik alle stoornissen in het autistisch spectrum. Er wordt ook wel gesproken over pervasieve ontwikkelingsstoornissen, waarmee bedoeld wordt dat de stoornis de hele ontwikkeling beïnvloedt en doorwerkt op alle levensgebieden en in alle levensfasen. Een veelgebruikte onderverdeling is: klassiek autisme, aspergersyndroom, PDD-nos en MCDD. Bij de diagnostiek worden de criteria gebruikt zoals beschreven in het classificatiesysteem DSM-V (*Diagnostic and Statistical Manual of Mental Disorders, 5th Edition*). De DSM-V maakt geen onderscheid (meer) tussen 'soorten' autisme, maar spreekt over licht, matig en ernstig beperkend. Autisme komt voor op alle niveaus van verstandelijk functioneren.

Kenmerken

Mensen met autisme zien slecht samenhang. Ze nemen de wereld gefragmenteerder waar, ze lijden – zo zeggen de wetenschappers – aan contextblindheid. Dat is lastig, want context helpt je om zaken snel te herkennen, het helpt je om de aandacht te richten, het maakt de wereld voorspelbaar en helpt om de juiste betekenis te vinden wanneer die niet meteen duidelijk is. Als je niet in staat bent om het geheel te zien, kom je tot een andere betekenisverlening. Als je daar bovendien extra je best voor moet doen, kost dat veel energie.

Veelvoorkomende problemen zijn: problemen met sociale contacten (de regels zijn contextafhankelijk, beperkte sociale intuïtie), het begrijpen van communicatie (dingen letterlijk opvatten die figuurlijk bedoeld zijn, geen lichaamstaal lezen), moeite hebben met verbeelding (dus ook geen rekening houden met de innerlijke beleving van de ander) en inflexibiliteit in denken en handelen (moeite met plannen en organiseren en daarin niet bijsturen). Daarnaast blijken veel mensen met autisme hypergevoelig, of juist ondergevoelig, voor bepaalde zintuiglijke prikkels, die hen daardoor hevig storen of afleiden. De moeite die het kost om zich aan te passen aan nieuwe situaties, levert veel stress op. Sommigen zijn niet in staat de grote hoeveelheid prikkels die dagelijks binnenkomt, te filteren. Zij reageren op een overdaad aan prikkels door zich terug te trekken, door controle te zoeken of met boosheid. Met vaste dagelijkse gewoontes proberen mensen met autisme hun wereld beheersbaar te maken, dat biedt hen houvast. Die structuur is vooral belangrijk in tijden van stress en kan weer wat losser als het minder hard nodig is.

Autisme uit zich bij ieder mens weer anders. Het autisme is niet allesbepalend, ook het karakter en de omgeving spelen een rol. De een mijdt contact, de ander is juist ontremd of opdringerig. Sommige mensen met autisme praten niet of nauwelijks, andere juist onophoudelijk. Vaak zie je bovendien een vertraagde ontwikkeling op het ene gebied, terwijl men op een ander gebied mijlenver voorloopt op leeftijdgenoten. Aansluiten bij de leeftijd van het gedrag geeft houvast en stimuleert groei. Tegelijkertijd zorgt dat wisselende beeld in de buitenwereld voor veel verwarring. Autisme is complex. Denk niet te snel dat je het wel snapt en blijf nieuwsgierig.

Wat helpt

Je helpt mensen met autisme door zo helder mogelijk te communiceren: zeg wat je bedoelt en doe wat je zegt! Gebruik niet te veel woorden, vermijd abstracte begrippen en figuurlijk taalgebruik. Zeg wat je bedoelt en controleer of het is overgekomen. Geef ondersteuning en duidelijkheid als het op organiseren aankomt, zet eventueel visuele hulpmiddelen in.

Er zijn talloze boeken, hulpmiddelen en methodes, maar of die helpen valt of staat met wie ze gebruikt en hoe ze worden ingezet. Het begint met een open en nieuwsgierige houding. Dat klinkt gemakkelijker dan het in de praktijk is. Je kunt jezelf oefenen door – zonder oordeel – je steeds af te vragen 'Waarom doet hij/zij dat?' en als een detective te onderzoeken wat de bedoeling is. Onderzoek daarbij ook je eigen gewoontes en overtuigingen, ga er niet van uit dat hoe jij denkt en handelt de norm is of zou moeten zijn.

Ten slotte misschien wel het belangrijkste punt: moeilijk gedrag is meestal de uiting van stress, verwarring en frustratie. Door hun handicap zijn mensen met autisme egocentrisch. Reken het ze niet aan en vat het niet persoonlijk op. Maak ruimte en kom de ander tegemoet.

HULP NODIG?

Veel ouders weten al vroeg dat hun kind 'anders' is; toch vraagt het vaak veel tijd voordat er een officiële diagnose komt. Soms duurt het zo lang omdat ouders zich laten geruststellen door hun omgeving of er zijn wachtlijsten bij instellingen of ouders weten gewoon niet zo goed weten waar ze heen moeten met hun kind. Hoe eerder je weet wat er aan de hand is, hoe beter voor zowel het kind als de ouders. Een diagnose wordt gesteld door een kinder- en jeugdpsychiater of door een gz-psycholoog.

Wie kan je op weg helpen als je door de bomen het bos niet meer ziet? Het is en blijft mensenwerk en dus sterk afhankelijk van wie je treft. De eerste plek om aan te kloppen is je gemeente. Dat is overal anders georganiseerd dus niet zo gek als je het moeilijk vindt om de weg te vinden. Het Autisme Info Centrum in Nederland is niet voor niets door ervaringsdeskundige vrijwilligers in het leven geroepen. Zij helpen mensen wegwijs te worden in het ondoordringbare zorgwoud. In België is Autisme Centraal een belangrijk kennis- en ondersteuningscentrum.

Nederland www.autisme.nl/informatie-en-advies-ook-voor-u-in-de-buurt, www.vanuitautismebekeken.nl
Vlaanderen www.autismecentraal.com, www.autisme.be

De Nederlandse Vereniging voor Autisme, de nva, is een belangenvereniging voor kinderen en volwassenen met autisme en hun omgeving. Balans is een soortgelijke organisatie die actief is voor ouders van kinderen met uiteenlopende ontwikkelingsstoornissen. In Vlaanderen is dat de Vlaamse Vereniging Autisme.

Nederland   www.autisme.nl, www.balansdigitaal.nl
Vlaanderen   www.autismevlaanderen.be
Een kind dat niet volgens de boekjes opgroeit, heeft vaak extra zorg
nodig waardoor je extra kosten maakt.

Je kunt om die reden verhoogde kinderbijslag aanvragen.

Nederland   www.svb.nl/nl/kinderbijslag/dubbele-kinderbijslag/
              extra-kinderbijslag-bij-intensieve-zorg
Vlaanderen   www.handicap.fgov.be

Voor structurele zorg en ondersteuning is het mogelijk een Persoonsgebonden Budget, het PGB, aan te vragen. Dit is zowel in Nederland als
Vlaanderen, daar heet het Persoonlijk Assistentie Budget, in gebruik.
Bij deze financieringwijze krijgt de persoon met een handicap een budget afhankelijk van zijn of haar individuele behoefte aan ondersteuning. Het geld gaat dus niet naar een instelling maar naar de persoon
zelf (of zijn vertegenwoordiger), die dit zelfstandig gebruikt voor het
inkopen en organiseren van zijn/haar ondersteuning.

Tip: www.pgb.nu heeft een zeer actieve berichtenbox met deskundige antwoorden op vragen rondom PGB-procedures in Nederland.

Nederland   www.svb.nl/nl/pgb, www.pgb.nl
Vlaanderen   www.vaph.be

Kinderen in het reguliere onderwijs kunnen voor extra ondersteuning
een beroep doen op extra financiering, tot voor kort ook wel populair
het rugzakje genoemd. Vergelijkbaar met de gon-begeleiding in Vlaanderen. Sinds de wet Passend Onderwijs (2014) wordt een rugzakje niet
meer individueel toegekend maar wordt het geld via het samenwer-
kingsverband waarin scholen samenwerken verdeeld.

Nederland   *brochure basisonderwijs*: www.rijksoverheid.nl/
documenten/brochures/2022/04/25/wat-is-passend-
onderwijs-informatie-voor-ouders---basisonderwijs

brochure voortgezet onderwijs: www.rijksoverheid.nl/
onderwerpen/passend-onderwijs/documenten/
brochures/2022/06/02/wat-is-passend-onderwijs-infor-
matie-

voor-ouders-voortgezet-onderwijs?s=09

Vlaanderen   www.ond.vlaanderen.be/wetwijs/thema.asp?id=55

OVER DE AUTEUR

Via de omweg van documentair televisieproducent, internetpionier en kunstenaarscoach vond Janneke van Bockel haar bestemming als ouderschapsdeskundige. Tijdens haar bijscholing tot ouderschapscoach is zij gaan schrijven over ouderschap om zo de theorie toegankelijk te maken voor een groter publiek. De rode draad in haar werk is, naast pionieren, het scheppen van de voorwaarden zodat anderen (nu zijn dat de ouders) hun werk goed kunnen doen.

Vanuit haar bedrijf MetaMama coacht, schrijft, spreekt en denkt ze over het ouderperspectief. Ze is initiatiefnemer van de landelijke Verwendag voor ouders van een kind met autisme met de bijbehorende Facebookgroepen en studiedagen, verzon de Meeleefkaartjes voor ouders en was directeur van Stichting Ovaal met Autismecafés voor en door ouders in heel Nederland.

Met *IJskastmoeder* (2009) geeft zij een openhartig inkijkje bij haar zoektocht naar houvast als ze hoort dat haar dochter autisme heeft. Met vallen en opstaan leert ze hoe ze haar dochter daarin kan begeleiden en wat dat van de andere gezinsleden vraagt. Met haar boek breekt zij een lans voor ouders van kinderen met autisme. In *Uitvindboek voor ouders* (2014) geeft ze inzicht in de psychologie van 'gewoon ouderschap' en maakt korte metten met roze opvoedwolken. In *Uitlegmoeder* (2016) toont ze hoe ouders het gedrag van hun kinderen ondertitelen voor de buitenwereld (en andersom) en zich verhouden tot allerhande deskundigen die je er gratis bij krijgt als je kind niet volgens de boekjes opgroeit. In 2017 maakte ze *Tussen Jou en Mij*, een schrijf- en doeboek voor ouders en kinderen.

www.ijskastmoeder.nl
www.meeleefkaartjes.nl
www.metamama.nl